JN099461

子どもの健全な成長のための

外あそび
推進ガイド

早稲田大学教授　医学博士　**前橋 明** 編著

ミネルヴァ書房

は じ め に

　人間は，本来，太陽が昇ったら起きて活動し，太陽が沈んだら眠りますが，昼と夜の区別のない夜型社会になって，子どもたちのからだの方の対応が追いつかなくなってきました。そのために，今の子どもたちは，乳児期から睡眠リズムが乱されていることと，生活環境の近代化・利便化によってからだを使わないですむ社会になってきたことで，からだにストレスをためやすい状況になっています。したがって，子どもたちにとって，太陽のリズムに合わせた生活を大切にしてやり，昼間には戸外でしっかり陽光刺激を受けさせて，運動あそびをさせたいものです。

　しかし，今日の日本は，生活環境の著しい変化にともなって，外あそびに費やす時間と場が減少し，しかも，不規則な食事時間と偏りのある食事内容も加わって，生活習慣病や肥満，視力低下，運動不足になる子どもたちが増加しました。社会生活が夜型化し，働く母親が増加，保護者の勤務時間が延長されることも一因となり，子どもたちの生活のリズムにくるいが生じてきました。

　そして，2020年からの新型コロナウイルスの感染拡大に伴う休園・休校や外出自粛などにより，子どもたちの外あそびは激減し，体力低下や肥満増加，視力低下の問題だけでなく，心の健康問題も顕在化してきました。中でも，就寝時刻が遅く，生活リズムの乱れた子どもたちや，エネルギーが発散できず，ストレスのたまった子どもたち等に対して，その変化した生活環境を十分に考慮した上での外あそびの紹介や対応が求められています。

　ところが，今日，保育者や指導者となる若者たちにおいても，その生活自体が夜型化していることもあり，そのような状態が「あたりまえ」と感じられるようにもなってきているため，子ども時代の健康づくりや外あそびに関する理論の研讃が大いに求められるといえるでしょう。

　また，外あそびの実践の面においても，指導者側の問題として，指導者自身

i

の遊び込み体験の少なさから，「あそびのレパートリーを子どもたちに紹介できない」「あそび方の工夫やバリエーションづくりのヒントが投げかけられない」という現状があり，保育・教育現場において，幼少年期からの健康づくりのための外あそびの重要性や外あそびのレパートリー，運動と栄養・休養を考慮した生活リズムとの関連性を，子どもたちに伝えていくことすらできないのではないかと懸念しています。

　そこで，今日の日本の子どもたちの抱える様々な健康問題や指導者養成におけるニーズを考慮した上で，子どもたちの心身の健康づくりや人間形成の場として大切な外あそびのあり方や基本理念，あそびの方法や内容の基本，外あそび推進のポイント，指導上の留意事項などを広く普及していきたいと考えました。

　一方，子どもたちの外あそび場でもある「公園」の近年の特徴は，人々の健康増進の場所として，公園内に健康遊具を積極的に導入しようとしていることです。つまり，気軽に楽しみながら，からだを動かすことのできる公園遊具は，健康づくりのトレーニング器具としても利用されています。

　気軽にあそび感覚で使ううちに，からだをいろいろと動かして，日頃の運動不足の解消や体力づくりにも役立ちます。目の前にあると，つい使ってしまう気軽さと楽しさが味わえます。そして，家族がみんなでいっしょに楽しめて，遊びながら自然に健康になれる点に期待が寄せられています。

　本書では，子どもたちの健康づくりと，子どもたちの外あそびの貴重な場である公園に焦点を当て，子どもの育ちを応援するためのポイントや配慮事項も提示してみたいと思います。具体的には，近年の子どもたちが抱える・抱えさせられている健康管理上の問題点とその改善のために有効とされる運動や，「公園遊具」の意義と役割や活用方法，公園あそびで育つ能力，遊具の安全性や使用上の留意事項などについても，述べてみます。

　ともかく，人が人として，支え合い，助け合うことが自然にできるように，子ども時代の外あそびの経験は極めて有効です。

　本書は，子どもと関わる外あそびの指導者に必要な，外あそび推進のために必要な理論的な知識と実践的なあそびを紹介しています。本書の内容を参考に

され，外あそびへの理解のある人が指導者層に一人でも増え，子どもたちの健
全育成に汗をかいて下さることを切に願っています。

2024年 4 月

早稲田大学教授・医学博士　前橋　明

子どもの健全な成長のための
外あそび推進ガイド

目　次

はじめに

序　章　本書の構成……………………………………………………………… I

　　　　第Ⅰ部　理論編──子どもたちの現状と外あそびの必要性

第1章　子どもの健全な成長のための
　　　　外あそびの推進について ………………………………………… 4

　第1節　外あそびの時間やあそび場の確保が難しくなっている背景……… 4

　　1．夜型社会，新型コロナウイルス感染症の流行からの影響　5
　　2．都市化と外あそび環境の整備不良から生じた，
　　　　サンマ（三間：空間・仲間・時間）の欠如からの影響　6

　第2節　近年の子どもたちが抱えさせられている，
　　　　　外あそびの減少による健康上の問題点………………………… 8

　　1．睡眠リズムの乱れ　8　　　2．摂食リズムの乱れ　9
　　3．生活リズムの乱れ　10　　　4．運動不足による体力低下　11
　　5．体温リズムの乱れ　12　　　6．脳内ホルモンの分泌の乱れ　13
　　7．健全育成への悪影響　14　　8．近視の発症や進行への影響　15

　第3節　子どもが抱える問題への対策と課題…………………………… 17

　　1．「早寝，早起き，朝ごはん」運動の登場と課題　17
　　2．体温リズムの乱れを整えるために　18
　　3．日中の外あそびや運動に集中する知恵　19
　　4．子どもたちの問題を改善する新たなチャレンジの必要性　19
　　5．子どもの「外あそび」の重要性に，社会の皆さんの理解がほしい　20
　　6．保育所・幼稚園・認定こども園での子どものあそび　22
　　7．研究からの知見と提案　22　　8．大人への警告　23
　　9．問題改善のための2つの提案　24

　第4節　外あそびの魅力について考えてみよう………………………… 27

　　1．外あそびの魅力は何か　27
　　2．子どもの「あそび場」としての魅力　28

　　3．室内あそびや運動系の習い事の教室とも比較した外あそびの魅力　29

　　4．旬の食べ物や四季を感じる外あそびの魅力　30

　　5．脳・神経系の発達　31　　6．体力づくり　32　　7．冬の運動　32

　　8．体力や運動能力を高めるためにはどうしたらよいか　34

　　9．子どもと紫外線　35

第2章　子どもの発育と，外あそびの役割と効果 …………………… 37

第1節　子どもの発育プロセスを知ろう ……………………………… 37

　　1．乳児期の発育・発達と運動　37

　　2．4つの型で考える発育プロセス　38　　3．身体各部の均衡の変化　40

　　4．発達の順序性と幼児期の運動　40　　5．運動発現のメカニズム　41

第2節　子どもにとっての外あそびの役割と効果 ………………………… 44

　　1．身体的発育の促進　44　　　2．運動機能の発達と促進　44

　　3．健康の増進　45　　4．情緒の発達　46　5．知的発達の促進　47

　　6．社会性の育成　48　　7．疾病予防・治療的効果　48

　　8．安全能力の向上　50　　9．日常生活への貢献と生活習慣づくり　50

　　10．自然の知識と自然との関わり　52　　11．足の問題改善　52

　　12．地域の人々との関わり　53

第3節　外あそびにより，子どものどんな力が伸びるのか ………………… 54

　　1．体力　54　　2．運動能力　56

　　3．運動スキルと運動時に育つ能力　57

第3章　公園遊具の意義と安全性 ……………………………………… 59

第1節　公園遊具の意義と役割および近年の公園づくりや整備の特徴 …… 59

　　1．公園遊具の意義と役割　59

　　2．近年の公園づくりや整備の特徴　64

第2節　公園遊具と安全性，遊具の定期点検 ………………………………… 85

　　1．ハザード　85　　2．リスクと安全管理　86

　　3．固定遊具を安全に利用するための点検　86

　　4．固定遊具の点検と結果の対応　89

5. 安全に配慮した運動遊具の設計と製品そのものの安全性
（安全管理の強化・徹底）90

第4章　外あそびの安全管理とケガの手当て……………………92

第1節　外あそびにおける安全管理の現状と課題……………………92

1. 乳幼児の心身の特徴と安全管理　92

2. 外あそび環境の安全管理の取り組み　94

第2節　子どもたちが安全に遊ぶための工夫……………………96

1. 子どもにとっての安全な外あそび場　96

2. 幼児期の子どもにとって必要な運動の内容や程度　98

第3節　子どものケガの手当て・対応と安全管理……………………100

1. 安全を考慮した準備と環境設定　100　　2. 応急処置の基本　101

3. 応急処置の実際　102

理論編　学習チェック問題例……………………106

第Ⅱ部　実践編——子どもの健全な育成のための外あそび

第5章　安全な外あそびのための心得……………………110

第1節　指導の基本……………………110

1. 外あそびの楽しさを味わわせる環境構成　110

2. 子どもの心身の発達にとって刺激となるような運動量を確保すること　111

第2節　指導上の留意事項……………………112

第3節　外あそびの指導者に期待すること……………………114

第4節　子どもたちが外で安全に遊ぶための工夫……………………115

1. 公園や園庭で安全に遊んだり，運動したりするための約束事　115

2. 子どもたちが安全に遊べるための工夫　115

第5節　あそびや運動のつまずきと子どもへの対応……………………119

1. 対象者の体験談　119

２．指導者がとるべき方法や対応策　120

第6章　からだを動かす外あそび …………………………………… 123

第1節　基本の運動あそび ……………………………………………… 123

（１）足伸ばし前屈　（２）足屈伸　（３）手押し車　（４）ゆりかご
（５）片足でバランス　（６）腹筋運動　（７）正座両足とび起き　（８）
腕立て脚開閉　（９）馬跳び　(10)背負い歩き　(11)人力車　(12)
腕立て腕屈伸　(13) V字バランス　(14)ブリッジ　(15)手たたき腕
ジャンプ　(16)開いて閉じて閉じて　(17)片脚屈伸　(18)倒立
(19)足文字　(20)前屈わたし　(21)前後屈わたし　(22)ぐるぐる
じゃんけん

第2節　身近なものを使ったあそび ……………………………………… 129

（１）タオル乗せあそび　（２）タオルとり　（３）レジ袋あそび──ナイ
スキャッチ　（４）レジ袋あそび──シッポとり　（５）レジ袋あそび──
蹴ったり・ついたりあそび　（６）新聞ランナー　（７）短なわジャンプ
（８）ティーボールあそび──ボールコレクター　（９）ラケットでボールこ
ろがし競争　(10)なわとび　(11)ゴム跳び　(12)サッカーごっこ
(13)中当て　(14)転がしドッジ　(15)ゲートボールごっこ　(16)
キックゴルフ　(17)あんたがたどこさ　(18)ボール運びリレー　(19)
ボール足はさみリレー　(20)的あてごっこ　(21)フルーツバスケット
(22)フープあそび　(23)砂あそび（どろんこあそび）　(24)伝承あそび
(25)凧あげ　(26)かくれんぼ　(27)ケンパ（石けり）（かかし）　(28)
じゃんけんあそび（階段じゃんけん）　(29)缶蹴り　(30)こま回し　(31)
竹馬・缶ぽっくり

第3節　親子ふれあいあそび・ふれあいあそび …………………………… 141

（１）高い高い　（２）スーパーマン　（３）メリーゴーラウンド　（４）
ロボット歩き　（５）飛行機　（６）逆さロボット　（７）仲よし立ち座
り　（８）空中かけっこ　（９）しゃがみずもう　(10)足跳びまわり
(11)跳び越しくぐり　(12)グーパー跳び　(13)足ふみ競争　(14)
ジャンケン足踏み　(15)お尻たたき　(16)タオル引き　(17)丸太た
おし　(18)腕立て握手　(19)手押し車→出会った友だちと握手→でん
ぐり返り　(20)しっぽとり　(21)輪くぐり

第4節　鬼あそび ………………………………………………………… 148

（１）ヒヨコとネコ　（２）カゴの中のネズミ　（３）つながり鬼　（４）

手つなぎ鬼 （5）通りぬけ競争 （6）増やし鬼 （7）色鬼 （8）
高鬼 （9）島鬼 （10）ひょうたん鬼 （11）地蔵鬼 （12）電子レン
ジ鬼（氷鬼） （13）ゾンビ鬼 （14）くま鬼（クモ鬼） （15）バナナ鬼
（16）3色鬼 （17）ポコペン

第5節　リズムあそび・親子ダンス……………………………………154
（1）花のお国の汽車ぽっぽ （2）まるまるダンス （3）ぽかぽかてく
てく （4）まっかなおひさま （5）バンブーダンス （6）ムギュー
だいすき （7）かけあしポーズ（まねっこごっこ） （8）きのこ

第6節　運動会あそび………………………………………………161
（1）股くぐり競争 （2）チーム対抗しっぽ取り （3）背中合わせリ
レー （4）でかパン競争 （5）かけっこ （6）子ふやしリレー
（7）魔法のじゅうたん （8）カンガルーの宅配便（ボール運び競技）
（9）たおして おこして おんぶして（親子障害物競走） （10）ラッコの波
乗りリレー （11）サンドイッチボール運びリレー （12）聖火リレー
（13）ボールはさみリレー （14）ピーナッツボールころがしリレー
（15）今日も安全運転リレー （16）足ながチャンピオン （17）大わらわ
の輪 （18）トビウオの波きり （19）ゴー！ ゴー！ ハリケーン （20）
バルーン （21）布あそび （22）玉入れ （23）ダンシング玉入れ
（24）ぴったんこ玉入れ （25）スポーツ玉入れアジャタ （26）追いかけ
玉入れ

第7節　児童期に適した外あそび……………………………………175
1．小学生のあそびを考える上で，大切なこと　175
2．小学生向けのあそび　177
（1）ドンじゃん （2）2方向ドンじゃん （3）ボールギャザー （4）
リバーシ （5）Sけん （6）十字鬼 （7）宝取り鬼 （8）ピーター
パン （9）的あて （10）ナイスキック （11）キャリー・ザ・ターゲッ
ト （12）遊具タイムアタック （13）キラキラハンマー （14）ボール
投げ競争 （15）ドッジビー （16）ドッジビー6むし （17）ドッジ
ビースナイパー

第7章　自然との関わりの中での外あそび……………………………185

第1節　自然あそびの意義と役割……………………………………185
1．自然あそびとは　185　　2．自然あそびを行う環境　186

３．生きもの（虫・カエル・ザリガニ等）とのふれあいや草花採取　187

第２節　戸外の活動や四季の自然あそび………………………………………… 189

　１．遠足や山登り　189　　　２．水あそびや木登り　189

　３．季節の自然あそびについて　189

　　（１）春の自然あそび　　（２）夏の自然あそび　　（３）秋の自然あそび
　　（４）冬の自然あそび

第３節　身近に楽しめる散歩あそび……………………………………………… 194

　１．散歩あそびの魅力　194

　２．散歩あそびについて　194

　　（１）自然散策　　（２）地域探検ごっこ　　（３）お気に入りポイントのマッ
　　プづくり　　（４）標識博士　　（５）地域ワンデーツアー・ミステリーツ
　　アー

第８章　コロナ禍における外あそび……………………………………………… 196

第１節　コロナ禍における外あそびと，実施上の留意事項　196

　１．コロナ禍における子どもの外あそびの進め方　196

　２．コロナ禍における，安全な公園の利用法と利用時の留意点　197

第２節　コロナ禍でできうる運動や外あそび…………………………………… 199

　１．コロナ禍において，家の中で行える運動，家族と行ったらよい運動　199

　　（１）姿勢変えあそび　　（２）バランスごっこ　　（３）おしりたたき
　　（４）じゃんけん足踏み　　（５）ロボット歩き　　（６）手押し車

　２．コロナ禍において行える安全な運動，外あそび　201

　　（１）朝のラジオ体操　　（２）新聞ボールのキャッチボール　　（３）空気イ
　　スごっこ　　（４）影ふみ　　（５）なわとび　　（６）ダンス　　（７）伝承あ
　　そびのこまやけん玉あそび　　（８）ウォーキングやジョギング　　（９）テ
　　レビやインターネットの動画に流れる体操やリズムに挑戦　　（10）バトン
　　を使わないリレーあそび　　（11）サッカーごっこ　　（12）竹馬・缶ぽっく
　　り　　（13）ゴム跳び（ゴム弾）　　（14）的あてゲーム　　（15）フープあそび
　　（16）伝承あそび「ケンパ」　　（17）階段じゃんけん　　（18）運動会の競走

　３．今後の感染症対策と外あそびや公園あそび　204

第３節　子どもの保育・教育，子ども支援現場での感染症対策………… 205

実技編　課題例 ………………………………………………………… 210

【資料1】子どもの健全な成長のための外あそび推進の会　取り組みの経緯 ………… 211

【資料2】外あそび環境の整備のための要望書 …………………………… 212
　　1.　外あそび空間の整備　212　　2.　仲間づくりの支援　214
　　3.　時間の確保　215

おわりに　217
索　引　219

序　章
本書の構成

　今日の日本の子どもたちは，生活環境の著しい変化から，様々な健康問題を抱えています。その変化した生活環境を十分に考慮した外あそびの紹介や対応が求められています。子どもたちの保育・教育に携わる保育者や指導者，子ども支援者となる若者たちの生活は夜型化しています。また，指導者自身の遊び込み体験の少なさから，子どもたちがワクワク・ドキドキするようなあそびが提供できない現状があります。保育・教育現場の指導者，子ども支援者は，外あそびの重要性や，外あそびのレパートリー，運動・栄養・休養を考慮した生活リズムの関連性など，子ども時代の健康づくりや外あそびに関する理論の研讃が必要です。子どもたちにとって大切と考える「外あそび」や「公園利用促進」の重要性や必要性，子どもの健全育成理論について，多くの人に普及していく資料が必要です。

　本書では，外あそび指導者養成のツールとして，外あそびのあり方や基本理念，あそびの方法や内容の基本，外あそび推進のポイント，指導上の留意事項などをまとめてみました。その内容について，紹介いたします。本書は，「理論編」「実践編」の二部で構成されています。

　理論編（第1章～第4章）の前半では，子どもが健全に育っていくために必要な「三間（サンマ）」と「外あそび」の重要性について，子どもたちの問題を改善するために，「運動」の大切さを導入したキャンペーン「食べて，動いて，よく寝よう！」運動を，園と家庭，地域が連携し推進することが必要であることをまとめています。また，指導者は，子どもの発達プロセスを知り，一人ひとりの子どもの発達を考え，あそびを提供していくことの必要性や，子どもにとっての外あそびの役割と効果について，外あそびを指導するスペシャリストとして，運動指導に関する研修会に積極的に参加し，実践につなげていく必要

性について示しています。

　理論編の後半では，「公園利用の促進」として，公園遊具の意義と役割，公園利用の現状と課題を示しています。また，子どものケガの手当て・対応と安全管理について，大きな事故やケガをしないような安全を考慮した準備と環境整備にも努めること，事故時，適切な判断と処置ができるように，応急処置の基本についても，外あそびの指導者が学ぶべきことについて論述しています。さらに，コロナ禍における外あそびと，それら実施上の留意事項について触れています。

　実践編（第5章～第8章）は，幼児期から小学生時期のあそびについて，具体的なあそびと方法を紹介しています。また，コロナ禍において行える安全な運動，外あそび，安全な公園の利用法についても解説しました。

　子どもたちの安心・安全な居場所を確保し，外あそびを少しでも復活させていくことが，特にコロナ禍においては重要でした。子どもたちの保育・教育に携わる保育者や指導者，子ども支援者は，コロナ禍においても子どもたちのニーズを考慮した上で，健康管理上，大切な運動のあり方や具体的展開のし方，環境づくりの基本をしっかりと再考し，必要事項を広く普及する責務があります。国の指導者層をはじめ，すべての大人たちが子どもの外あそびを大切にしようとする共通認識をもつためにも，積極的な研究と運動企画，実践，そして，本書を用いた人材育成，講習会を続けていくことが大切です。

（若林仁子）

第 I 部

理論編
──子どもたちの現状と外あそびの必要性──

第1章
子どもの健全な成長のための外あそびの推進について

第1節　外あそびの時間やあそび場の確保が難しくなっている背景

　本来の元気な子どもたちのあそびは，太陽光線を受けながら，外で泥んこになってするものですが，室内での活動が多いと，子どもたちは，ますます外に出なくなります。近年では，自然物との接触も，本当に少なくなってきていますし，しかも，そういう外あそびを好まなくなっている子どもたちも目立ってきました。

　今日，都市化が進むにつれ，子どもたちの活動できる空間が縮小されるとともに，からだ全体を十分に動かす機会が非常に少なくなってきました。咄嗟に手をつくという防御動作がなかなかとれず，顔面に直接ケガをする子どもたちが増えてきました。日頃，十分に運動している子どもたちであれば，うまく手をついて，ケガをしないように転ぶことができます。ところが，運動不足で反射神経が鈍っていると，手のつき方も不自然になり，まるで発作でも起きたかのようにバターンと倒れ，骨を折りかねません。また，ボールがゆっくり飛んできても，手でよけたり，からだごと逃げたりできないので，ボールが顔にまともに当たってしまいます。このように，日頃，運動をしていない子どもたちは，自分にふりかかってくる危険がわからず，危険を防ぐにはどうすればよいのかをからだ自体が経験していないのです。

　子どもというものは，外あそびの実践を通してからだをつくり，社会性や知能を発達させていきます。からだのもつ抵抗力が弱く，病気にかかりやすい子どもたちに対しては，健康についての十分な配慮が欠かせないことは言うまでもありませんが，そうかといって，「風邪をひいては困るから外出させない」

「紫外線にあたるから，外で遊ばせない」というように，まわりが大事を取り過ぎて，子どもたちを外あそびや運動から遠ざけてしまうと，結果的に子どもたちを運動不足にし，健康上，マイナスの状態を生じさせてしまいます。

　この時期に，外あそびを敬遠すれば，食欲もわかず，成長に必要な栄養摂取も不十分となり，あわせて，全身の筋肉や骨の発育・発達も遅れ，平衡感覚も育成されにくくなります。特に，背筋力の低下や視力の低下が目立つ現代では，運動経験の有無が子どもたちの健康に大きな影響を与えることになります。それにもかかわらず，現実は，ますますからだを動かさない方向に進んでいるといえます。

　外あそびを通して得た感動体験は，子どもの内面の成長につながり，自ら考え，自ら学ぶ自立的な子どもを育んでいきます。便利な現代生活の中で，育ちの旺盛な幼児・児童期に，外でからだを使う機会がなくなると，子どもたちは十分な発達を遂げることができません。今こそ，みんなが協力し合って，このネガティブな状況を変えることが必要です。

　まず，国の指導者層を含め，すべての大人たちが，子どもの外あそびを大切にしようとする共通認識をもつことが重要です。外あそび体験からの感動や安らぎを得た経験をもつ子どもたちこそ，自身の成長だけでなく，日本のすばらしさや大切さを感じる大人になっていくことができるのです。

　子どもは，国の宝であり，未来です。今こそ，このタイミングを逃さず，外あそび推進のために動くときであり，外あそびの重要性や意義・役割，効果について，基本的な考え方を，みんなで共有していきましょう。

1．夜型社会，新型コロナウイルス感染症の流行からの影響

　今日の日本は，社会生活が夜型化し，働く母親が増加，保護者の勤務時間が延長されることも一因となり，子どもたちの生活リズムにくるいが生じ，戸外での運動時間が激減してしまいました。

　そして，2020年からの新型コロナウイルス（COVID-19）の感染拡大に伴う休園や外出自粛などにより，子どもたちの外あそびはさらに激減し，体力低下や肥満増加，視力低下の問題だけでなく，心の健康問題も顕在化してきました。

つまり，３密を避けるために，家で過ごす時間がさらに増えたわけですが，この２年間で，子どもたちの運動量が著しく少なくなっており，外あそびの減少や体力の低下が，これまで以上に懸念されるところです。

　中でも，就寝時刻が遅く，生活リズムの乱れた子どもたちは適切にエネルギーが発散できないために，今，私たちはストレスのたまった子どもたちに対して，その変化した生活環境を十分に考慮した上での外あそびの導入や環境整備，対応が求められています。

２．都市化と外あそび環境の整備不良から生じた，サンマ（三間：空間・仲間・時間）の欠如からの影響

　筆者の子ども時代（昭和30～40年代）は，放課後は自由に遊べる，とても楽しい時間でした。しかし，今の子どもたちを見ていると，都市化や外あそび環境の整備不良によって，安全なあそび場という空間はないし，友だちという仲間も集わないし，みんなそれぞれが習い事をはじめとする個別の活動をして過ごすため，あそびの時間もないし，結局，家で個別にテレビや動画を見たり，ゲームをしたりして過ごすようになってきました。

　高学年になってからは，放課後の居場所として，塾をはじめとする習い事に通う子どもたちが多くなり，子どもたちの顔に笑顔が少ないのが心配です。授業が終わってから暗くなるまで，少なくとも，毎日，数時間ある「放課後」の時間ですが，日本では，今，自宅で，一人で過ごす子どもがたくさんいるわけです。放課後を自宅で過ごす子どもは，幼児期から激増しています。昭和30～40年代は，夕方の日没の時間まで，子どもたちが近くの公園や路地，広場で遊びまわっている光景が当たり前でしたが，現在では，幼稚園幼児の平均外あそび時間は20分程度，小学校低学年では30分程度，高学年でも40分程度に減少してしまいました（表1-1）。このように，今日の子どもの放課後には，子どもが楽しく遊ぶために必要なサンマ（三間），「空間」「仲間」「時間」が不足したり，喪失したりしているのです。

　また，ボールが家に飛んでくる，花壇に入ってボールを取りに来る，騒いでうるさい等という，地域住民の方からの苦情の懸念から，公園や広場でにぎや

表1-1　幼児・児童の平均外あそび時間

対　象	年齢・学年	男	女
2022年 東京都練馬区幼稚園 （N＝733）	3歳 4歳 5歳 6歳	25分 37分 29分 51分	38分 28分 31分 36分
2019年 埼玉県所沢市3校児童 小学校 （N＝1,442）	1年生 2年生 3年生 4年生 5年生 6年生	45分 51分 54分 57分 49分 1時間11分	33分 35分 44分 37分 45分 44分
2020年 埼玉県所沢市3校児童 小学校 （N＝1,513）	1年生 2年生 3年生 4年生 5年生 6年生	1時間12分 1時間6分 1時間17分 1時間42分 1時間23分 1時間20分	1時間25分 1時間11分 1時間6分 1時間2分 57分 52分

〔早稲田大学前橋研究室調査〕

かに遊ぶことや，ボールあそびをすること等，様々な年代の子どもたちが気軽に集い，助け合ったり，教え合ったりしてはしゃぐことも少なくなっているのが現状です。

（前橋　明）

第2節　近年の子どもたちが抱えさせられている，外あそびの減少による健康上の問題点

　それでは，実際に子どもたちの健康にどれほどの影響が出ているのかみていきましょう。

　子どもたちは，夜，眠っている間に，脳内の温度を下げてからだを休めるホルモン「メラトニン」や，成長や細胞の新生を助ける成長ホルモンが脳内に分泌されますが，今日では，夜型化した大人社会のネガティブな影響を受け，子どもたちの生体のリズムは狂いを生じています。不規則な生活になると，カーッとなったり，イライラして集中力が欠如したり，また，対人関係に問題を生じて，気力が感じられなくなったりしています。生活リズムの崩れは，子どもたちのからだを壊し，それが，学力や体力の低下，心の問題にまで，ネガティブな影響を与えているのです。

　近年の子どもたちが抱えさせられている問題を以下に示します。

1．睡眠リズムの乱れ
（1）就寝の遅い現代っ子

　まず，今の子どもたちは，夜型の生活に巻き込まれている点が気になります。子どもたちが親に連れられて，ファミリーレストランや居酒屋，カラオケ店などへ，深夜に出入りしている光景をよく見かけます。チャイルドルームを完備し，メニューにお子さまメニューを印刷している居酒屋も出てきました。

　「大丈夫です。子どもは元気ですから」「夜は，父と子のふれあいの時間ですから」「まだ眠くないと，子どもが言うから」等と言って，夜ふかしをさせている家庭が増えてきました。子どもの生活は，「遅寝，遅起き，ぐったり」になっています。今日，午後10時を過ぎて就寝している幼児の割合が約3割を超えるわが国の現状は，国家的な危機です。また，大人の健康づくりのために，夜間に開放されている学校の体育館においても，幼子を連れた状態で夜遅くまで親のスポーツにつき合わせているケースが増えています。子どもたちが大人

の夜型生活に入り込んで，不健康になっている状況や，親が子どもの健康生活のあり方を知らない，子どもの生活リズムに合わせられていないという「知識のなさ」や「意識の低さ」が問題です。

（2）短時間睡眠の危険性

　幼児が夜間に10時間眠ることができないと，どうなるのでしょうか。中でも，9時間30分を下回る短時間睡眠の子どもは，注意集中ができず，イライラする，じっとしていられなくて歩き回るという行動特徴がみられることがあります。このような状況では，落ち着いて生活ができず，園での活動もきちんと経験できません。小学校にあがっても，勉強に専念できなくなります。

　実際，短時間睡眠で幼児期を過ごした子どもは，就学してから，1時間の授業に集中できません。10～20分たつと，集中力を失ってキョロキョロし，イライラしてきます。いくら優秀な先生でも，太刀打ちができないのです。短時間睡眠が長く続くと，より激しい症状，いわゆるキレても仕方がない状況や，子どもたちが問題行動を起こしても仕方のない状況が，自然と出てきます。睡眠は，脳を休め，疲れをとるだけでなく，記憶を整理し，定着させること，つまり，脳を育むことであるため，学力とは切り離せない関係なのです。それくらい，乳幼児期の睡眠は，脳にとって大切なものなのです。

　寝る時刻が深夜に向かってズレてくると，短時間睡眠になるか，睡眠を確保しようとすれば遅起きとなり，朝のゆとり時間がなくなって，朝食の欠食が増えてくるわけです。

2．摂食リズムの乱れ

　このように，睡眠不足，遅寝・遅起きになると，朝食を充実したものにできなかったり，欠食したりするようになります。これが，気になることの二つ目の問題です。朝食を抜くと，イライラする，幼児であれば積み木を放り投げたり，おもちゃを雑に扱ったり，不意に友だちを後ろからたたいたりする等の乱暴な行動が目立ってきます。

　今日では，朝食を毎日食べている幼児は，9割程度しかいません。私たち大

人は，朝・昼・晩と３食を食べて生活を支えていますが，幼児は急激に成長していくため，３食では足りません。しかも，生まれて間もないため，胃は小さく，腸の働きは未だ弱いため，一度に多くの食を摂り込めません。したがって，おやつでその不足分を補う必要があります。つまり，おやつも食事の一部と考え，大切にしてほしいということです。幼児にとっての食事は，１日４〜５食が必要ですが，メインの１食を抜いている幼児が増えてきたのは心配です。

　さらに，問題があります。例えば，６歳児で８割の子が朝食を食べていても，朝に排便があるのはわずか３割ほどなのです。人間は食物を食べると，消化の良い物で，７〜９時間ほどでうんちになります。じっくり消化していくと，24時間前後はかかります。夜間に10時間ほど眠るとするならば，夕食で食べた物の中で消化のよい食物の残りかすは，翌朝にはもう大腸に着いています。そして，朝の胃は，空っぽです。その空っぽの胃に，朝食が入ると，胃は食べ物が入ったことを脳に伝えます。すると，消化吸収された残りかすを出すために，腸が蠕動運動を始め，食物残渣を押し出そうとします。そのときに，腸内に満ちるだけの残りかすのある方が良く，大腸に刺激が伝わると，じわじわと押し出そうとします。腸内に満ちるだけの残りかすをためようと思うと，お菓子だけでは，腸内に満ちるだけの残りかすによる重さと体積がつくれません。内容（質）の良い物を食べないと，朝の排便に結びつかないのです。

　近年では，排便を家で済ませてから，朝をスタートさせることもできなくなって，体調もスカッとしないままの登園（校）になっている子どもたちが多いわけです。これでは，午前中の活動力が低下しても不思議ではありません。活動力が減ると，１日の運動量が少なくなり，体力も高まりません。

３．生活リズムの乱れ

　幼児の生活要因相互の関連性を，生活リズムの視点から分析してみました。すると，「外あそび時間が短かったり，テレビ視聴時間が長かったり，夕食開始時刻が遅かったりすると，就寝時刻が遅くなる」，そして，「就寝時刻が遅くなると，起床時刻が遅くなり，朝食開始時刻も遅れる。さらに，登園時刻も遅くなる」という，生活リズム上の悪い連鎖が確認されました。

　要は，外あそびを奨励することと，テレビやビデオの視聴時間を短縮させること，夕食開始時刻を早めることは，今日の子どもたちの就寝時刻を早め，生活リズムを整調させる突破口になることが考えられます。とくに，日中に，子どもが主役になれる時間帯の運動刺激は，生活リズム向上のためには不可欠であり，有効であるため，是非とも，日中に外あそびや運動時間を確保する工夫が望まれます。

　生活習慣を整えていく上でも，1日の生活の中で，一度は戸外で運動エネルギーを発散し，情緒の解放を図る機会や場を与えることの重要性を見逃してはなりません。外あそびは，子どもたちの体力づくりはもちろん，基礎代謝の向上や体温調節，あるいは脳・神経系の働きに重要な役割を担っています。つまり，園や学校，地域において，時が経つのを忘れて，外あそびに熱中できる環境を保障していくことで，子どもたちは安心して成長していけるのです。

4．運動不足による体力低下

　気になることの三つ目は，子どもたちの生活の中で，運動量が激減してきていることです。例えば，保育園の5歳児ですが，1985（昭和60）～1987（昭和62）年は，午前9時から午後4時までの間に，だいたい1万2,000歩ぐらいは動いていましたが，1991（平成3）～1993（平成5）年になると，7,000～8,000歩に減ってきました。そして，1998（平成10）年以降になると，5,000歩台に突入し，今日では，昭和時代の半分ほどの運動量に激減しています（表1-2）。それに，登降園も自転車や車の利用が多くなってきましたので，子どもの生活全体の歩数が減ってきて，体力を育むのに必要な運動量が不足しています。

　子どもたちの活動の様子をみると，丸太渡りや平均台歩行時に足の指が浮いて自分の姿勢（バランス）を保てず，台から落ちてしまう子どもが観察されました。生活の中でしっかり歩いていれば，考えられないことです。走っても，手が振れず，膝をしっかり上げることができないため，つま先を地面に擦って歩くため，引っかけて転んでしまうのです。日頃から，外あそびよりも，テレビやビデオ利用が多くなってくると，活動場所の奥行きや人との距離感を認知する力も未熟となり，空間認知能力が育っていきません。そのため，前や斜め

表1-2　5歳児の歩数の変化

年	9時～16時（歩数）
1985（昭和60）～1987（昭和62）年	12,000歩
1991（平成3）～1993（平成5）年	7,000～8,000歩
1998（平成10）年以降	5,000歩

〔前橋　明：食べて・動いて，よく寝よう!!　生活　リズムQ＆A，生活リズムと食，日本食育学術会議，pp.9～18, 2018.〕

方向から来る友だちとぶつかってケガをすることが多くなるのです。

　また，①赤ちゃん時代から，ハイハイの期間が短く，全身の筋力や安全能力が育っておらず，②歩けるようになっても，乳母車に乗せられ，筋力やバランス能力が極端に弱く，さらには，③日頃から，車通園の増加や外あそびや運動あそびの減少による運動不足と多様な動きの経験の少なさのために，ぶつかって転びそうになったとき，手をしっかりついてからだを守るという保護動作が出ず，顔面から転んでしまうのです。

　つまり，夜型生活の中で，子どもたちが睡眠リズムを乱していくと，欠食や排便のなさを生じていきます。その結果，日中の活動力が低下し，動けなくなっているのです（体力低下）。

5．体温リズムの乱れ

　朝から，眠気やだるさを訴えて午前中の活動力が低下すると，体力低下とともに，脳や自律神経の働きが弱まって昼夜の体温リズムが乱れてきます。そこで，体温が36度台に収まらない，いわゆる体温調節のできない「高体温」や「低体温」の子ども，体温リズムがずれ，朝に体温が低くて動けず，夜に体温が高まって動きだすといった子どもたちがみられるようになってくるのです。

　日常生活では，体温は一般に午前3時頃の夜中に最も低くなり，昼の午後4時頃に最高となる一定のサイクルが築かれます。このような日内変動は，ヒトが長い年月をかけて獲得した生体リズムの一つです。例えば，1日の中で体温が高まる時間帯は，ウォーミングアップができているときであり，動きやすく，学びの効果を得やすい時間帯です。そのときに運動することで，ホルモンの分泌がさらに良くなり，自然に正常なからだのリズムができてきます。

　体温が高まる日中は，あそびや学びの適切な時期です。中でも，午後3〜5時の時間帯は，最も動きやすくなる時間帯で，子どもたちの「あそびや学びのゴールデンタイム」と，筆者は呼んでいます。自分の興味や関心のあるものを見つけて，例えば，自然にふれたり，動物のまねっこやスポーツごっこをして遊んだりでもよいです。それらに熱中して，時を忘れて遊び込む時間帯なのです。このときの熱中と挑戦，創造と実践の経験で，子どもたちは，一段と成長していくのです。

　生活が夜型化している子どもたちの体温リズムは，普通の体温リズムから数時間後ろへずれ込んでいます。朝は，本来なら眠っているときの低い体温の時に，起こされて活動を開始しなければならないため，体温は低いままで，からだが目覚めず，動きは鈍くなっているのです。逆に，夜になっても，体温が高いため，なかなか寝つけないという悪循環になっています。このズレた体温リズムを元に戻すことが，生活リズム向上戦略のポイントとなります。

6．脳内ホルモンの分泌の乱れ

　ヒトが夜に眠り，朝に起きて活動を行うためには，脳内に分泌されるホルモンの働きがしっかりしていなければなりません。夜中には，眠るための松果体ホルモン（メラトニン）が出され，朝には活動に備え，元気や意欲を引き出すホルモン（コルチゾールやβ-エンドルフィン等）が分泌されなければ，眠ることや起きて元気に活動することはできないのです。

　これらのホルモンの分泌時間のリズムや量が乱れると，脳の温度の調節もできず，時差ぼけと同じような症状を訴え，何をするにしても意欲がわかなくなります。健康な状態では，睡眠を促すメラトニンの分泌が，午前0時頃にピークとなり，脳内温度が低下します。そのため，神経細胞の休養が得られ，子どもたちは，良好な睡眠がとれるのです。睡眠と覚醒のリズムが乱れ，生体のリズムが崩れると，これらホルモンの働きが悪くなり，分泌の時間帯も乱れて，体温調節がさらにできなくなります。結果的に，夜間は脳の温度が下がらず，神経細胞が休養できず，睡眠時間は長くなっていきます。したがって，朝起きられなかったり，いくら長く寝てもすっきりしなかったりするのです。当然，

13

朝，起きることができず，午後になって，コルチゾールや β − エンドルフィン
が分泌されると，体温が上がり始めて少し元気が出てくるというわけです。も
ちろん，能力としては極端に低下していますので，結果的には，疲れやすさや
持久力低下，集中力低下，ぼんやり，イライラ，無気力，不安，うつ状態を引
き起こしていきます。

　また，近年は，幼児期からいろいろな種類の習い事が増え，脳が処理すべき
情報量の増加とそれに反比例した睡眠時間の減少が，子どもたちの持続的な緊
張状態をつくり上げています。学力を高めようと願うと，学んだ内容の記憶を
整理し，定着させてくれる睡眠を疎かにはできないのですが，睡眠時間だけは
ますます短くなり，疲労回復もできず，能力は極端に低下しています。そして，
将来，進学する過程の中で，勉強に全く集中できず，何も頭に入らなくなり，
日常生活も困難となって，家に閉じこもるようにもなっていくことも危惧され
ます。

7．健全育成への悪影響

　子どもが健全に育っていくためには，「空間」「仲間」「時間」という，サン
マ（三間）が必要不可欠とお伝えしました。そして，太陽のもとで，日中にか
らだを動かすことは，体力向上だけではなく，脳の発達や自律神経機能の強化，
近視の発症予防と進行抑制，情緒の安定，創造性・自主性の向上などにつな
がっていきます。

　子どもには，戸外に出て，しっかり遊んで，ぐっすり眠るという，あたりま
えの健康的な生活が必要ですが，現代はこのサンマ（三間）が喪失し，どうか
すると「間抜け現象（前橋明，2003）」に陥ってしまいます。運動して，エネル
ギーを発散し，情緒の解放を図ることの重要性を見逃してはならないのです。
とくに幼少期には，2時間程度の午後の外あそびが非常に大切になります。

　この「間抜け現象」が進行する中で，気になることは，子どもたちの大脳
（前頭葉）の働きが弱くなっているということです。鬼ごっこで，友だちから追
いかけられて必死で逃げたり，木からすべり落ちそうになって一生懸命に対応
策を試みることによって，子どもたちの交感神経は高まっていきますが，現在

ではそのような，安全なあそびの中での架空の緊急事態がなかったり，予防的に危険そうなあそびが制止され過ぎて，発育発達上，大切な大脳の興奮と抑制体験が，子ども時代にしっかりもてなくなったりしているのです。

8．近視の発症や進行への影響

　2020年から，新型コロナウイルスの感染拡大に伴う外出自粛や運動規制が加わり，子どもたちは，ますます外に出て動かなくなりました。その結果，子どもたちの外あそびは激減し，室内でのテレビやビデオ視聴だけでなく，動画視聴，いわゆるスマートフォンやインターネット等を使っての静的な活動や目を酷使する活動が増えてきました。結局，体力低下だけでなく，視力低下の子どもたちが増える結果になりました。

　今後は，デジタルデバイスの過度な利用によりもたらされる心身へのネガティブな影響を打ち消しうる「外あそびや運動あそび」を，幼児期から，しっかり奨励していきたいものです。今こそ，みんなが協力し合って，子どものからだのおかしさに歯止めをかけなければなりません。そのためには，まず，社会全体が，子どもの陽光刺激のある「外あそび」を大切にしようとする共通認識をもつことが重要です。1日1回は，汗をかくくらいのダイナミックな外あそびが必要なこと」「戸外での適切な光環境は，近視進行を抑制し，目の保護に役立つこと」「外あそびで，遠くや近くを交互に見ることで，毛様体筋の動きを活発化させ，目の血液循環と新陳代謝，安全能力の向上に有効なこと」等を，呼びかけていきたいものです。

　具体的な研究知見をみると，長時間のデバイス使用は近視発症のリスク要因となることが複数の研究で示されており，屋外で過ごす時間の著しい減少と，デバイス使用時間の増加は，近視発症を引き起こす可能性が高いことがわかっています。また，長時間のデバイス使用は，姿勢にも影響し，子どもの頭部や頸部屈曲を引き起こす可能性があります。

　外あそびの効能としては，1日2時間の屋外での身体活動は，近視の発症や進行を抑制し，子どもの近視リスクを低下させます。屋外での身体運動は，循環器系や筋骨格系の発達，自律神経機能の亢進を促します。また，台湾では，

1日2時間の外あそびが，近視の新たな発症を半分に抑えるという調査結果を
発表しています。

（前橋　明）

第3節　子どもが抱える問題への対策と課題

　近年の社会的背景により，子どもの健康に与える様々な問題をみてきました。ここでは，それらへの対策を紹介します。本書の目的でもあり，外あそびの重要性にも迫っていきます。

1.「早寝，早起き，朝ごはん」運動の登場と課題

　子どもたちの抱える問題の改善には，大人たちがもっと真剣に「乳幼児期からの子ども本来の生活（栄養・運動・休養のバランス）」を大切にしていくことが必要です。その結果，日本が生み出した国民運動は，「早寝，早起き，朝ごはん」運動（平成18年4月全国協議会が推進）なのです。

　しかし，健康づくり運動へのきっかけには有効でしたが，自律神経に積極的に働きかけて，子どもたちのいきいき度を増すまでには，いま一歩の感があります。そこで，日本の子どもたちの問題が，どのようにネガティブに歩んできたかを示しました（図1-1）。子どもたちが抱えさせられている問題を食い止めるためには，まずは「睡眠」を大切にし，脳を守り，育むことが必要です。そのため，「早寝・早起き」なのです。そして，睡眠が崩れると「食」の崩れを生じるため，「朝ごはん」を打ち出す必要があります。

　しかしながら，この国民運動は，そこまでしか，ケアできていないのです。意欲をもって，自発的に自主的に動ける子ども・考える子どもを期待するのであれば，3番目の「運動」刺激が子どもたちの生活の中になくてはなりません。とくに，外あそびや運動あそびは，自律神経機能の発達に不可欠なのです。生活習慣を整えていく上でも，1日の生活の中で，日中に運動エネルギーを発散し，情緒の解放を図る運動実践の機会や場を与えること，子どもたちが外あそびに夢中になることの重要性を見逃してはならないのです。

　そのためには，「早寝・早起き・朝ごはん」という国民運動に，「運動」を加えなければなりません。つまり，「食べて」「動いて」「よく寝よう」なのです。言い換えれば，「動き」の大切さを導入したキャンペーンを打ち出して，積極

```
夜型生活で，睡眠リズムが乱れると……
↓
摂食リズムが崩れる
（朝食の欠食）
↓
午前中の活動力の低下・１日の運動量の減少
（運動不足・体力低下）
↓
オートマチックにからだを守る自律神経の機能低下
（昼夜の体温リズムが乱れ，自発的に自主的に行動ができなくなる）
↓
ホルモンの分泌リズムの乱れ
（朝，起床できず，日中に活動できない，夜はぐっすり眠れなくなる）
↓
体調不良・精神不安定に陥りやすくなる
↓
学力低下・体力低下・不登校・暴力行為
```

図1-1　日本の子どもたちの抱える問題発現とその流れ

〔前橋　明：スマホ世代の子どもとレクリエーション，レジャー・レクリエーション研究89，p.24，2019.〕

的に実行に移していくことが大切です。こうして，将来を担う子どもたちが，健康的な生活を築き，いきいきと活躍していくためにも，外あそびの中での運動を大切にしてもらいたいと願っています。

2．体温リズムの乱れを整えるために

　体温リズムの乱れを整えるための有効な方法は，「朝，太陽の陽光を，子どもに浴びさせること」と，「日中にしっかり運動をさせること」です。

　体温を調節している自律神経がしっかり働くようにするポイントを，次に示します。

①基本的な生活習慣を，大人たちが大切にしていくこと。
②子どもたちを，室内から戸外に出して，いろいろな環境温度に対する適応力や対応力を身につけさせること。
③安全なあそび場で，必死に動いたり，対応したりする「人と関わる運動あ

そび」をしっかり経験させること。安全ながらも架空の緊急事態の中で，必死感のある運動の経験をもたせること。

④運動（筋肉活動）を通して，血液循環が良くなって産熱をしたり（体温を上げる），汗をかいて放熱したり（体温を下げる）して，体温調節機能を活性化させる刺激を与えること。

3．日中の外あそびや運動に集中する知恵

　子どもの生活リズム上の問題点の解決は，「就寝時刻を早めること」ですが，そのためには，「子どもたちの生活の中に，日中，太陽の下での外あそびを取り入れること」が極めて重要です。子どもの場合，夜型化した生活リズムに関する問題解決のカギは，毎日の運動量にあると考えますから，まずは，子どもの生活リズムを立て直すための「日中の外あそびや運動に集中するための方法」を探る必要があります。

　そこで，その方法をいくつか紹介しておきます（表1-3）。各家庭で，手軽にできることから始めて下さい。

4．子どもたちの問題を改善する新たなチャレンジの必要性

　今，子どもたちに必要なことは，新たなチャレンジとして，「運動」の大切さを導入したキャンペーンを打ち出して，「食べて，動いて，よく寝よう！」運動を，園や学校と家庭，地域が連携して，全国的に推進していくことなのです。運動とか，からだ動かしは，体力づくりはもちろん，基礎代謝の向上や体温調節，あるいは，脳・神経系の働きに重要な役割を担っています。園や学校，地域において，ときが経つのを忘れて，運動やあそびに熱中できる外あそび環境を保障していくことで，子どもたちは安心して成長していけます。

　未来ある子どもたちのために，大人や社会が本気になって，外あそび環境を整えたり，外あそびの生活化を図ったりして，精一杯の支援に力を注ぎ，子どもたちを幸せにしていきましょう。

表 1-3　日中の外あそびや運動に集中するための方法

・前夜からよく寝て，疲れを回復させておく（十分な睡眠をとらせておく）。
・朝食をしっかり食べさせる。
・朝にウンチをすませ，すっきりさせておく。
・朝，子どもを気分よく，笑顔で送り出す。
・歩いて登園・登校させて体温を高め，朝のからだをウォーミングアップさせる。
・のびのびと遊べる外あそび空間，友だちと遊べる環境を用意する。
・自由な外あそびの時間をしっかり与える。親が自分のこと（家事）ばかりに気を取られないように，子どもの外あそび時間を確保する。
・親（保育者）も子どもといっしょに遊び，楽しさが経験できる外あそびを紹介・伝承する。とくに，季節の外あそびや運動の楽しみ方を実際の体験を通して教える。
・テレビやビデオはつけず，おやつや食べ物は目につかないようにする。
・子どもの興味のある外あそびや運動をさせる。
・好きな外あそびや運動をしているときは，そっとして熱中させる。
・上手に運動しているところや良い点は，オーバーなくらいしっかり誉め，自信をもたせ，取り組んでいる戸外運動を好きにさせる。
・子どもが「見てほしい」と願ったら，真剣に見て，一言，「よかったよ」とか，「がんばったね」と言葉を添える。具体的に，良かった点を取り上げて話すと，子どもの方も，自分を見てくれていたんだと思い，気持ちが伝わっていく。
・幼児には昼寝をさせて，からだを休めさせる。
・子どもが服を汚して帰ってきたら，叱らずに「よく遊んだね！」と言って誉めてあげる。
・ふだんから，からだをよく動かす習慣にしておく。

〔前橋　明：生活リズム大作戦，大学教育出版，pp.77～79，2006.〕

5．子どもの「外あそび」の重要性に，社会の皆さんの理解がほしい

　近年，家庭における子どもたちは，室内でテレビやゲームで遊ぶことが多く，外に出て全身をフルに使って遊んだり，運動したりすることが少なくなってきました。また，遊ぶ場があっても，保護者の方に関心がなければ，子どもを外あそびになかなか出さないのが実状でしょう。

　もちろん，事故やケガ等を心配してのこともありますが，身体活動量の不足は，脳や自律神経，ひいては，心の発達にも大きな負の影響を及ぼすことになります。そのことが，保護者の方を含め，社会全般にも十分に認知されていないことが，子どもの健全育成にとっての大きなブレーキになっています。

　外あそびの必要性を多くの人々にご理解をいただくために，まずは，保育・教育・保健・体育関係の指導者の方々が，率先して保護者や社会に発信していくことが大切でしょう。そして，運動嫌いの子どもたちには，是非とも，外あそびの魅力を味わわせていただきたいと願います。

（1）園や学校での様子を見て

　園や学校での子どもたちの様子を観察してみますと，自由時間や休み時間に，園庭や校庭で遊ぶ子どもたちの姿が減ってきています。園や学校によっては，独自の特色ある体力向上プランの工夫と実践をされているところもありますが，近年，小学校では体育時数削減により，体力向上の継続的な取り組みができにくい状況にもあります。

　また，指導者の方によっては，子どもの体力低下に対する危機感が薄かったりすることもありますので，ぜひとも，指導者層に，子どもの「外あそびの重要性」に理解と関心のある方を，一人でも多く増やしていきたいものです。

（2）地域での様子を見て

　地域では，親子クラブや子ども会をはじめ，児童館・公民館活動組織，育成会，社会体育クラブ等が，子どもたちの健全育成を願い，あそびや運動，スポーツによる様々な行事や活動，教室を実施していますが，現在，そこに参加する子どもと参加できない子どもの二極化がみられます。

　また，それぞれの組織の連携が密になっているとはいえない現状もみられていますので，参加したくてもできない子どもへの呼びかけや誘い，各組織間のネットワークづくりに，みんなで目を向け，力を入れていきたいものです。とくに，地域のひらかれたあそび場や居場所が不足する現状が続くと，家庭の経済格差が子どもたちの体験格差につながってしまうことが懸念されます。習いごとやスポーツクラブ，週末の外出など，お金のかかる体験活動の実施率は，家庭の収入に比例していくことも明らかですので，注意が必要です。

　さらに，総合型地域スポーツクラブも，各地で立ち上げられてはいますが，一部地域に限られているようにも感じます。子どもと「外あそび」とのかかわりを，より深めていくためには，これまでの地域のリーダーや社会体育の指導者育成，そして，私どもの提案する「外あそび推進スペシャリスト」の養成と，地域の外あそび環境づくりが，今後も一層重要となるため，市民や地域ではできないことへの「行政の理解と支援」に大いに期待したいものです。

（前橋　明）

6. 保育所・幼稚園・認定こども園での子どものあそび

　園での子どもたちのあそびは、「静」と「動」の組み合わせが大切です。「静」とは、描画・粘土・パズル・構成あそび等、からだを動かさないあそびのことです。「動」とは、戸外や遊戯室などの広い場所で、思い切りからだを動かすあそびのことです。

　「静」のあそびをし続けていると、突然、集中力が途切れるからか、からだを動かすあそびをしたくなり、「動」のあそびを続けていると、次に「静」のあそびを求める姿があります。この「静」と「動」のバランスがうまくとれた保育は、子どものあそびをコントロールしているといえます。

　雨天で戸外に行けず、室内で「静」のあそびのみをするように制限されると、子どもたちは気持ちを発散できず、イライラする姿があります。短時間でも室内で十分にからだを動かすあそびができると、イライラが収まり、落ち着いてきます。この子どものあそびの「静」と「動」について、家庭でも実践できるよう、保護者に丁寧に伝えましょう。

　また、月曜日に週末の疲れが残り、元気がなく落ち着かない子どもが増えています。週末を大人中心で過ごした結果、子どもの園での生活やあそびに支障をきたしているといえます。週末、休日などの休みの日も、園生活と同じリズムで過ごすことが、子どもの成長発達にとって不可欠であるということを、外あそびの大切さや具体例をあげて、保護者に伝えましょう。

（小山玲子）

7. 研究からの知見と提案

　子どもと保護者の生活調査や生活リズム研究を通して、わかってきたことを整理してみます。

　①年齢が低く、体力の弱い子どもは、午前中のあそびだけで、夜には疲れを誘発し、早く眠れますが、加齢に伴って体力がついてくると、午前中のあそびだけでは疲れをもたらさず、遅くまで起きていられます。そのため、加えて午後の外あそびが必要です。とりわけ、午後3時頃からの積極的な外あそびで、しっかりエネルギーを発散させ、情緒の解放を図っていくこ

とが，夜の入眠を早める秘訣です。

②夕食の開始が午後7時を過ぎると，就寝が午後10時を過ぎる確率が高くなります。幼児には，遅くとも，午後7時頃までには，夕食を食べ終えさせるのがお勧めです。

③朝から，疲れている子どもは，テレビやビデオの視聴時間が長く，夜，寝るのが遅いです。そして，睡眠時間が短く，日中の運動量が少ないです。そういった子どもの家庭では，その保護者（母親）のメールに費やす時間の長いことがわかっています。親子がそれぞれに，就寝前の夜に物とのかかわりをしており，親子のふれあい時間が少ないのが特徴です。

④夜8時頃になったら，部屋を暗くし，夜を感じさせて，眠りへと導きます。テレビのついた部屋は，光刺激があるので眠れません。電気を消して部屋を暗くすることが大切です。

⑤朝になったら，カーテンを開ける習慣をつくります。朝には，陽光を感じさせ，光刺激で目覚めるようにします。

8．大人への警告

近年の子どもたちの抱える問題の改善には，大人たちがもっと真剣に「乳幼児期からの子ども本来の生活」を大切にしていくことが必要です。

①夜型の生活を送らせていては，子どもたちが朝から，眠気やだるさを訴えるのは当然です。

②睡眠不足だと，注意集中ができず，また，朝食を欠食させているとイライラ感が高まるのは当たり前です。就学後，授業中はじっとしていられず，歩き回っても仕方がありません。

③幼いときから，保護者から離れての生活が多いと，より愛情を求めようとします。親の方も，子どもから離れ過ぎると，愛情が維持できなくなり，子を愛おしく思えなくなっていきます。

④便利さや時間の効率性を重視するあまり，徒歩通園から自転車通園・車通園に変え，親子のふれあいや歩くという運動量確保の時間が減っていき，コミュニケーションが少なくなり，体力低下や外界環境に対する適応力が

　低下していきます。生活を整え，体力を高めようと思うと，朝の光刺激と，

　何よりも日中の外あそびでの積極的な実践は有効です。

⑤テレビやビデオの使いすぎや，近年はスマホ（スマートフォン・タブレット）

　育児が，対人関係能力や言葉の発達を遅らせ，コミュニケーションのとれ

　ない子どもにしていきます。とくに，午後の外あそびの減少，地域の異年

　齢によるたまり場あそびの崩壊，ゲームの実施やテレビ視聴をはじめとす

　る動画視聴時間の激増が子どもたちの運動不足を招き，生活リズムの調整

　をできなくしています。

　それらの点を改善していかないと，子どもたちの学力向上や体力強化は図れ
ないでしよう。キレる子どもや問題行動をとる子どもが現れても不思議ではあ
りません。ここは，腰を据えて，乳幼児期からの生活習慣を健康的に整えてい
かねばならないでしょう。

　生活習慣を整えていく上でも，１日の生活の中で，一度は運動エネルギーを
発散し，情緒の解放を図る機会や場を与えることの重要性を見逃してはなりま
せん。そのためにも，子どもたちには，日中の外あそびが非常に大切となりま
す。外あそびというものは，子どもたちの体力づくりはもちろん，基礎代謝の
向上や体温調節，あるいは脳・神経系の働きに重要な役割を担っています。

　園（学校）や地域において，時がたつのを忘れて，外あそびに熱中できる環
境を保障していくことで，子どもたちは安心して成長していけます。生活は，
１日のサイクルでつながっていますので，生活習慣（生活時間）の１つが悪く
なると，他の生活時間もどんどん崩れていきます。逆に，生活の節目の１つ
（とくに運動場面）がよい方向に改善できると，次第に他のことも良くなってい
くという好循環があります。あきらめないで，問題改善の目標を１つに絞り，
一つずつ改善に向けて取り組んでいけば，必ずよくなっていきます。「一点突
破，全面改善」を合言葉に，取り組むと良いでしょう。

9．問題改善のための２つの提案

　ここで，提案として２つ示します。

提案①　午前の外あそびに加えて，「午後の外あそび」のススメ

　午前中に外あそびを行ったら，子どもたちの体温が最も高まって，心身の
ウォーミングアップのできてきた午後3時頃から，戸外での集団あそびや運動
が充実していないと，発揮したい運動エネルギーの発散ができず，ストレスや
イライラ感が鬱積されていきます。

　そこで，日中は，午後からも太陽の下で十分な外あそびをさせて，夜には心
地よい疲れを得るようにさせることが大切です。低年齢で，体力が弱い場合に
は，午前中にからだを動かすだけでも，夜，早めに眠れるようになりますが，
体力がついてくる4，5歳以降は，朝の外あそびや運動だけでは特に足りませ
ん。体温の高まるピーク時の外あそびも大切に考えて，子どもの生活の中に取
り入れるようにすべきです。

　幼児のからだを整えるポイントは，①体温がピークになる午後3〜5時頃に，
外でしっかりからだを動かして遊ぶようにさせます。②夕食を早めに食べさせ
て，夜8時頃には寝るようにします。遅くとも，午後9時頃までには寝るよう
に促しましょう。③朝7時までには起きて，朝食を摂り，ゆとりをもって排便
します。④午前中も，できるだけ外あそびをします。

　つまり，生活リズムの整調のためには，外あそびの実践が極めて有効であり，
その外あそびを生活の中に積極的に取り入れることで，運動量が増して，子ど
もたちの睡眠のリズムは整い，その結果，食欲は旺盛になります。健康的な生
活リズムの習慣化によって，子どもたちの心身のコンディションは良好に維持
されて，心も落ち着き，キレることなく，情緒も安定していくのです。

　ところが，残念なことに，今はそういう機会が極端に減っています。この部
分を何とかすることが，私たち大人に与えられた緊急課題でしょう。

　そのために，身体活動や運動，外あそびを取り扱う指導者や幼稚園・保育
所・認定こども園，学童保育の先生方，子ども支援者，保護者に，期待される
事柄は非常に大きいものがあります。

提案②　親子ふれあいあそび・体操のススメ

　乳幼児期から親子のふれあいがしっかりもち，かつ，からだにも良いことを

実践していくという視点から，もう一つの提案があります。それは，「親子体操」の実践です。まず，親子でからだを動かして遊んだり，体操をしたりする運動の機会を，日常的に設けるのです。子どもといっしょに外に出て汗をかいてください。子どもに，お父さんやお母さんを独り占めにできる時間をもたせてください。親の方も，子どもの動きを見て，成長を感じ，喜びを感じてくれることでしょう。他の家族がおもしろい運動をしていたら，参考にしてください。子どもががんばっていることをしっかり褒めて，自信をもたせてください。子どもにも，動きを考えさせて創造性を培ってください。動くことで，お腹がすき，食事が進みます。夜には，心地よい疲れをもたらしてくれ，ぐっすり眠れます。親子の外あそびや親子体操の実践は，食事や睡眠の問題改善にしっかりつながっていきます。

　親子体操は，これまでに，いろいろなところで取り組まれている内容です。しかし，それらを本気で実践するために，地域や社会が，町や県や国が，本気で動いて，大きな健康づくりのムーブメントを作るのです。このような体験をもたせてもらった子どもは，勉強や運動にも楽しく取り組んで，さらに家族や社会の人々とのコミュニケーションがしっかりとれる若者に成長していくはずです。急がば回れ，乳幼児期からの生活やふれあい体験，外あそび，とくに運動体験とそのときに味わう感動を大切にしていきましょう。

（前橋　明）

第4節　外あそびの魅力について考えてみよう

　ここまでは，社会的な背景と具体的な影響をお伝えしてきました。本節では，外あそびの魅力を紹介していきます。

1．外あそびの魅力は何か

　外あそびに興じることによって，子どもたちは，からだの発達と知的・精神的発達に伴って，あそびのルールや創造する力を生み，集団活動に適応できるようになっていきます。そして，他者とのかかわりの中で，新しい自己の目標を設定して，挑戦していきます。あそびは強制されてするものではないため，外に出てよく遊ぶ子は，それだけ自ら進んで遊び，あそびの中で，何らかの課題を見つけて自分から進んで解決していこうとする態度を身につけていきます。

　このように，自分で考えて自分で決めていく創造の力は，次の課題を発展させます。つまり，子どもたちは，自発性をフルに発揮させる行為を積み重ねており，この繰り返しで成長していくのです。

　今日の子どもたちの生活状態を考えてみると，もっと「からだづくり」のことを考えていかねばならないと感じます。とくに，健康的な生活を送るために必要な体力や基本運動スキルを，外あそびの繰り返しで，身につける中で，五感のトレーニングを重視し，危険を予知する能力を養うからだづくりが必要です。そのためには，子どもたちに，もっと戸外での運動を奨励し，自然の中や太陽光の下で，適応力や抵抗力，空間認知能力，安全能力を身につけさせ，あわせて，多くの仲間とかかわり合いながら，しっかり運動することと，集団で動く楽しさを経験させていただきたいのです。つまり，外あそびの経験の拡大とともに，オートマチックにからだを守り，意欲を出させてくれる自律神経の働きを良くしていくことが大切です。

　もちろん，子どもの体調を見きわめて，展開することを基本にしますが，実際には，子どもが戸外で運動することを好きになり，いろいろな種類の運動に抵抗なく取り組もうとする意欲づくりと，思いきりからだを動かす喜びや，力

いっぱいからだを動かした後の爽快感のわかる子，感動できる子に育てていただきたいのです。とくに，幼少期の運動実践では，運動技能の向上を主目的とするのではなく，外あそび場面での動き（運動）を通して，どのような気持ちを体験したのかを優先してほしいのです。楽しい，嬉しい，すごい，悔しい等といった，感動する心がもてる豊かな人間性を育てたいものです。

　そのためには，何か一つでも，子どもが 1 人でできたときの喜びを大切にしていく配慮が必要です。そういう大人たちの配慮と，子どもたち自らの経験があると，子どもたちはそれらの体験を機会に，積極的に戸外で遊び込み，課題に取り組んでいこうとするようになるはずです。つまり，戸外での運動あそびをすることで，体力や運動能力の向上だけを望むのではなく，「がんばってできるようになった」という達成感や満足感を自信につなげていくような「感動体験の場」をもたせることを大切にしたいと考えます。

2．子どもの「あそび場」としての魅力

　次に，外あそびの魅力を「あそび場」の視点からとらえてみましょう。子どもは，「あそび場と家とが近いところ」「自由にはしゃげるところ」であれば，安心して，あそびを発展させることができます。筆者が子どもの頃（昭和30〜40年頃）は，道路や路地，空き地でよく遊びました。遠くに遊びに行くと，あそびの種類は固定されましたが，家の前の道で遊んでいれば，あそびに足りないもの（必要な道具）があると，すぐに家から持ってくることができました。遠くのあそび場であれば，あそびの道具や必要なものを取りに帰って，再度，集まろうとすると，多くの時間がかかりました。ですから，家から近い所は，たとえ道路であっても，それは居心地の良い空間だったのです。

　子どもの特徴として，集中力の短い幼少期には，家の前の道路や路地は，ほんのわずかな時間で，ものを取りに帰ることができ，短い時間であそびを発展させたり，変化させたり，継続できる都合の良い場所でした。とくに，幼児は，長い間，続けて活動できませんし，活動や休息の時間は，きわめて短いです。さらに，休息の仕方も何かと動きを絶やさない形で休息します。つまり，幼児の活動と休息は，短い周期でくり返されていくということです。

　このリズムが，まさに，子どもの「あそび」と「ものを取りに帰る時間（休息）」との周期に合っていたので，親が迎えに来るまで，いくらでも楽しく遊ぶことができていたのでしょう。

　なお，道路や路地も土だったので，好きな落書きや絵が描けたし，石や瓦を投げても，地面の上で止まりました。雨が降ると，水たまりができるので，水あそびもできました。地面は，あそびの道具だったのです。また，相撲をしても，アスファルトやコンクリートとは違い，転んでも痛くなく，安全でした。親は，家の台所から，遊んでいる子どもたちの様子が見えていたため，安心していました。いざというときにも，すぐに助けることができました。

　今日のように，単に安全なスペースがあって，緑の景観を整えて，落ちつきのもてる地区の一ヶ所に，「子どものためのあそび場を作りましたよ」では，子どもは遊ばないのです。また，自由にはしゃぐことができなければ，子どもは自由な活動を抑えてしまうのです。「静かにしなければ迷惑になる」「大声を出してはいけない」「きれいに使わないといけない」「土を掘ってはいけない」「木に登ってはいけない」「球技をしてはいけない」という条件のついた空間は，子どものあそび場には適さないのです。

　自然とのふれあいをもっと大切にして，子どもたちが「自らの発想を実際に試みること」を応援してもらえるような公園（施設）と見守り（監督）が必要です。つまり，木に登ったり，地面を掘って基地を作ったり，子どものアイデアを，もっと試させてもらえるあそび場や公園が求められているのです。

　とくに，外あそびの実体験を通して得た感動体験は，子どもの内面の成長を図り，自ら考え，自ら学ぶ自立的な子どもを育んでいきます。したがって，幼少年期には，自由に公園や広場などのあそび場を使ってはしゃげることが大切で，それらの中で，ドキドキ・ハラハラできる体験をもつことが，子どものあそびを，一層，発展させていくのです。

3．室内あそびや運動系の習い事の教室とも比較した外あそびの魅力

　習い事には，室内あそびや運動系の習い事もありますが，そのような教室では，活動する時間帯が設けられ，時間に合わせて子どもたちが活動しなければ

なりません。特に運動教室では，技術面の向上が要求されていることが多く，同年齢・同レベル集団でのかかわりが多いです。さらに，ドリル形式や訓練形式で教えられることが多く，子どもたちは大人の指示に従うことが多くなり，自分たちで工夫して試してみようという経験が少なくなってきます。

　一方，外あそびは，参加・解散の時間は融通性があり，集団の構成は異年齢で構成される傾向が多いです。年上の子が年下の子の面倒を見ながらあそびに参加したり，自然をあそびに取り込むことによって，自然（物）を知ったりできます。家の手伝いやおつかいの時間を考えて，仲間同士であそびの約束をとり，自分の足で歩いて友だちの家に行き，あそびに誘います。自発的に，自主的に，自分の興味や関心のあるものを見つけて，それに熱中し，時を忘れて遊び込んでいくことができます。

４．旬の食べ物や四季を感じる外あそびの魅力

　今日の子どもの生活を見渡すと，食べ物でも，運動でも，季節や自然との遊離を強く感じるようになってきました。野菜や魚介などの実りの時季で，最も栄養価が高くなって，一番味の良い時季のことを旬と言いますが，今日では，四季の変化に応じて，旬のものを食べることも，四季ならではの外あそびや運動をすることも少なくなり，メリハリがなくなってきたように感じます。

　筆者が子どもの頃は，いちごは初夏からしか食べられませんでした。しかし，今では，１年中，いちごが店頭に並び，いつでも食べられるようになりました。また，夏は暑いので，水あそびや水泳をよくしました。現在のように冬に湯を沸かして，水温調節をしてまで泳ぐことはしませんでした。水あそびが始まると，そこに泳ぎや潜りの競争あそびが自然に始まりました。知恵や創造性が，四季折々に大きく育まれていたのです。この四季の特徴を生かしたあそびが，季節の旬の活動であり，そこで多くのあそびのバリエーションが子どもたちの知恵（創造性）により生み出され，その工夫の積み重ねと活動体験が生きる力の土台となっていったのです。

　つまり，かつての子どもたちは，自然の変化に応じて，その時々の旬の食べ物を食べ，豊かな栄養を得て，季節の特徴を生かして考えだした外あそびや運

動を楽しんでいたのです。また，四季があるということは，寒いときもあり，暑いときもあるということですから，それだけ幅の広い温度差に接し，からだも，その差に対する対応力や抵抗力を身につけなければならないわけです。

　もっと自然にふれて，暑いときには，暑いときにしかできない旬の外あそびや運動をしっかり経験させることで，子どもたちは自身の自律神経の働きをよくし，身体機能を向上させるだけでなく，人間のもつ五感を十分に養い，豊かな感性を四季の変化の中で，自然な形で育てていくことにつながっていきます。

　自然破壊が進む中ではありますが，私たち大人が，子どもたちにもっと自然の大切さや魅力を進んで教え，とりわけ，日本では四季の変化に応じた自然からの恵みを受けていることを感じさせ，その幸せを感じる外あそび体験をしっかり行ってもらいたいものです。

　自然に対し，自然からの感動や安らぎを得た経験をもつ子どもたちこそ，本当の自然の大切さを感じることのできる大人になっていくことができると思います。

5．脳・神経系の発達

　外あそびを通して，友だち（人）とのかかわりの中で，成功と失敗をくり返し，その体験が大脳の中でフィードバックされていくと，大脳の活動水準がより高まって，思いやりの心や将来展望のもてる人間らしさが育っていきます。また，ワクワクして熱中するあそびの中で，子どもたちはエネルギーをしっかり発散させて，情緒も安定し，さらに時間の流れや空間の認知能力をも発達させていきますが，あそびの時間や空間，仲間という三つの「間」が保障されないと，小学校の高学年になっても，興奮と抑制のコントロールのできない幼稚型の大脳のままの状態でいることになります。つまり，大人に向かう時期になっても，押さえがきかなく，計画性のない突発的な幼稚型の行動をとってしまうのです。

　子どもたちと相撲や取っ組み合いのあそびをしてみますと，目を輝かせて何度も何度も向かってきます。そうやって遊び込んだときの子どもは，興奮と抑制をうまい具合に体験して，大脳（前頭葉）を育てているのです。今の子ども

たちは，そういう脳やからだに良い外あそびへのきっかけがもてていないのでしょう。

　生活の中で，育ちの旺盛な幼少年期に，外でからだを使う機会がなくなると，子どもたちは発達しないうちに衰えていきます。便利で快適な現代生活が，発育期の子どもたちの発達するチャンスを奪っていきますので，今こそ，みんなが協力し合って，子どもの心とからだのおかしさに歯止めをかけなければなりません。そのために，私たちは，まず，子どもの外あそびを大切にしようとする共通認識をもつことが重要です。

　「戸外での安全なあそびの中で，必死に動こうとする架空の緊急事態が，子どもたちの交感神経を高め，大脳の働きを良くすること」「あそびの中では，成功体験だけでなく，失敗体験も，前頭葉の発達には重要であること」「子どもたちには，日中にワクワクする集団あそびを奨励し，1日1回，汗をかくくらいのダイナミックな外あそびが必要なこと」を忘れないようにしましょう。

6. 体力づくり

　子どもたちにとっての外あそびは，単に体力をつくるだけではありません。人間として生きていく能力や，人間らしい生き方の基盤をつくっていきます。しかし，基礎体力がないと，根気や集中力を養うことができません。少々の壁にぶつかってもへこたれず，自分の力で乗り越えることのできるたくましい人間に成長させるためには，戸外で大勢の友だちといっしょに，伸び伸びと運動をさせると同時に喜怒哀楽の感情を豊かに育むことが大切です。活発な動きを伴う運動あそびや運動を長時間行う子どもは，自然に持久力育成の訓練をし，その中で呼吸循環機能を改善し，高めています。さらに，力いっぱい動きまわる子どもは，筋力を強くし，走力も優れてきます。また，からだを自分の思うように動かす調整力を養い，総合的に調和のとれた体力も身につけていきます。

7. 冬の運動

　冬場は，寒くて外に出るのもおっくうになりがちです。これは，大人の感覚で，「子どもは風の子」といわれるように，少々の寒さも平気で元気に外で走

り回って遊ぶ姿がみられます。しかし，夏と冬の気温差は，東京では約20℃もあり，冬には昼の時間が夜より約４時間程度も短くなります。ゆえに，子どもたちは遊んでいるようでも，１年間というサイクルの中でみますと，冬場は活動量が１年の中では最も少なくなる時期だといえるでしょう。このような自然環境の変化は，子どもの活動性を変化させるとともに，冬に体重の増加率は大きくなり，ヒトのからだにも影響を及ぼしていきます。

　子どもたちが寒い時期に外に出て運動しないのは仕方がないと思われるかもしれませんが，ここで，寒い中，外で遊ぶことや運動することの意義や方法について考えてみましょう。

①冬は気温が低いため，たくさん運動しても汗をかきにくく，疲労しにくいと考えられます。したがって，夏場よりも運動量を確保しやすいのです。
②冬の外あそびで，気温が低い外の空気に触れると，からだは，体温を逃がさないように鳥肌を立てます。このことは，からだの恒常性を保つ自律神経の働きを活発にすることにつながります。
③気温が低いと血管は収縮するため，心臓には負荷が大きくなります。つまり，血液を送り出すために，心臓もしっかり活動しなくてはならないのです。
④外あそびをすることで適度な疲労があると，熟睡のための効果があります。
⑤冬に行う外あそびの種類としては，からだが暖まって，ある程度の時間は継続できる全身運動的なあそびがよいでしょう。例えば，鬼ごっこ，かけっこ，ボールあそび，なわとび，少し長い距離の散歩あそび等があげられます。

　したがって，寒い時期こそ，外でからだをしっかり動かして外あそびに熱中することは，子どもたちのからだの発育や発達にとって，大変良い刺激となります。このようなことから，体力低下・運動不足の問題が指摘される今の子どもたちにとって，冬にこそ，外で遊ぶ時間をもっとつくってもらいたいのです。

```
┌─────────────────────────────────────────────┐
│            食事（栄養）と睡眠（休養）のほか，         │
│  体力を増強させて健康を維持し，元気に活動するのに役立つのは，運動！  │
│                                             │
│        運動やスポーツで，身体を適度に使うことが大切       │
│                                             │
│  レクリエーション効果（気分転換・疲労回復・家庭生活への寄与）   │
│                     ↓                       │
│ トレーニング効果（疲労感を抱くくらいの負荷が必要）：体力向上    │
│                     ⋮                       │
│        オーバートレーニング（過労）             │
│                     ↓                       │
│               病　気                        │
└─────────────────────────────────────────────┘
```

図1-2　体力を高めるためのプロセス

〔前橋　明：生き生きとした子どもを育む秘訣，食育学研究11（2），p.6，2016.〕

8．体力や運動能力を高めるためにはどうしたらよいか

　体力をつける方法は，まず，しっかり栄養を取ること，つまり，朝ごはんをしっかりとって活動開始することが大切です。実際に，日中に外あそびをすることによって，心臓や肺臓，筋肉，骨などを動かし，全身に負荷を加えることになるので，からだは強くなっていきます。そして，夜の睡眠で疲労の回復とからだの修復が進みます。

　このように，体力を増強させて健康を維持し，元気に活動するのに役立つのは，日中の外あそびや運動なのです。ただし，その運動刺激は，軽すぎても，強すぎても，体力向上に良い影響はもたらしません。適切にからだを動かすことが大切です。

　軽い運動だと，気分転換や疲労回復，食欲の促進などの効果（レクリエーション効果）が得られますが，体力はなかなかついていきません（図1-2）。少し疲れるくらいの運動負荷が必要です。要は，疲労感を抱くくらいの運動刺激が必要なのです（トレーニング効果）。ただし，その疲れは，一晩の睡眠で，翌朝には回復している程度の運動負荷を与えることが，子どもたちの体力を効率よく向上させる秘訣です。疲労が残り，やがて，過労や病気となるような運動負荷では，心身の負担になります（オーバートレーニング）。

　また，運動能力を高めるためには，体力をつけるだけではいけません。基本

運動スキルをバランスよく経験させることが求められます。体力に合わせて運動スキルを経験させ，向上させることによって，運動能力が高まるのです。そうすることで，将来，スポーツをより楽しく行うことを可能にし，自己実現の機会が増えていきます。

9. 子どもと紫外線

　「シミやシワを生み，老化だけでなく，癌をも誘発する紫外線。オゾン層の破壊・減少で，紫外線による害は，これからますます多くなる」という報道や情報を受けて，保育園や幼稚園に対し，「わが子を太陽の下で遊ばせないで下さい」「裸でプールへ入れないで下さい」「日除けつきの特製帽子を必ずかぶるようにさせて下さい」等と，過敏な要望や訴えをされる保護者の方がでてきたようです。したがって，保育者や教師の研修会では，先生方から「健康的な子育てと太陽の下での外あそびの奨励をどのように考えたらよいのか」「プールは禁止にしなければならないのか」等という質問をよく受けます。

　確かに，布団干しや日光消毒で有益な殺菌作用のある紫外線C波でも，その量が多すぎると（特別な地域），皮膚の細胞を傷つけることがあります。また，エリテマトーデスという病気の子は日光過敏症があって発疹が出ますから，日光を避けなければなりません。ですから，医師から特別な理由で陽光を避けたり，控えたりする指示をいただいている子どもは，必ず医師の指示にしたがって下さい。

　しかしながら，健康な子どもの場合は，普段の生活上での紫外線は問題ないと考えた方がよいでしょう。日常，私たちが受ける紫外線の主な光源は太陽ですが，短い波長の紫外線は大気圏のオゾンに吸収され，中でも短いC波は自然界では大気中でほとんど吸収されるため，日常生活での紫外線で皮膚癌はまずないと思って下さい。つまり，健康やからだづくりに欠かせない紫外線の効果に目を向けていただきたいのです。

　紫外線は，電磁波の総称で，波長によってA波（長波長）とB波（中波長）とC波（短波長）の3種類に分けています。この中で，健康に欠かせないのがA波とB波で，A波には細胞の活動を活発にして，その生まれ変わりを促進させ

る作用があります（日光浴）。B波には，皮膚や肝臓に蓄えられたビタミンD$_2$をビタミンD$_3$に変える役目があり，食物から摂取したカルシウムを体内カルシウムに再生し，骨格を作り，神経伝達を良くします。つまり，骨が丈夫になり，運動神経が良くなるのです。骨粗しょう症の予防にも，日光浴は重要な因子となります。また，ビタミンD$_3$は免疫能力を高めるので風邪を引きにくく，病気の回復が早まります。このビタミンD$_3$は，食べ物から摂ることはできず，からだが紫外線を浴びることでしか作れないのです。

　したがって，日常の紫外線に発癌のリスクがあれば，厚生労働省や文部科学省をはじめとする関係機関は，外あそびやプール等の戸外活動を禁止するはずですから，子どもたちの健康生活のためには，現状では，外あそびや運動実践を，是非とも大切にしてあげて下さい。

（前橋　明）

第2章
子どもの発育と，外あそびの役割と効果

第1節　子どもの発育プロセスを知ろう

　第1章で，子どもの健全な育成のために，外あそびの必要性を述べました。本章本節では，その理解を深めるために，子どもがどのような発育プロセスをたどるのかをみてましょう。

1．乳児期の発育・発達と運動

　出生時の体重は約3kgで，男児の方がやや重い特徴があります。出生時の体重が2.5kg未満の乳児を低出生体重児，1kg未満を超低出生体重児といいます。体重は，3〜4か月で約2倍，生後1年で約3倍，3歳で4倍，4歳で5倍，5歳で6倍と変化します。出生時の身長は約50cmで，生後3か月の伸びが最も顕著で，約10cm伸びます。生後1年間で24〜25cm，1〜2歳の間で約10cm，その後，6〜7cmずつ伸び，4〜5歳で出生時の約2倍に，11歳〜12歳で約3倍になります。

　運動の発達は，直立歩行ができるようになり，様々な形態で移動し，次第に，腕や手が把握器官として発達します。まず，生まれてから2か月ほどで，回転運動（寝返り）をし，這いずりを経験します。6か月頃には，一人でお座りができ，8か月頃には，這い這いができ，胴体は床から離れます。そして，伝い立ち，伝い歩き，直立歩行が可能となりますが，人的環境の積極的な働きかけがあってこそ，正常な発達が保障されるということを忘れてはなりません。

　その後，小学校に入学する頃には，人間が一生のうちで行う日常的な運動のほとんどを身につけていきます。この時期は，強い運動欲求はありますが，飽

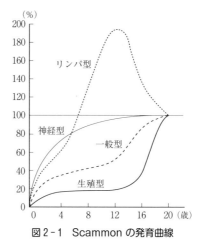

図2-1　Scammon の発育曲線

〔前橋　明：幼児の体育, 明研図書, p.7, 1988.〕

きっぽいのが特徴です。

2．4つの型で考える発育プロセス

　発育・発達のプロセスにおいて，身体各部の発育も，内臓諸器官における機能の発達も，決してバランスよく同じ比率で増大したり，進行したりするものではありません。スキャモン（Scammon）[1]は，人間が発育・発達していくプロセスで，臓器別の組織特性が存在することに注目し，筋肉・骨格系（一般型）や脳・神経系（神経型），生殖腺系（生殖型），リンパ腺系（リンパ型）の発育の4つの型にまとめ，人間のからだのメカニズムを理解する貴重な資料を，私たちに提供してくれました（図2-1）。

　①一般型は，筋肉や骨格，呼吸器官，循環器官など，②神経型は，脳や神経・感覚器官など，③生殖型は，生殖器官，④リンパ型は，ホルモンや内分秘腺などに関する器官の発育を，それぞれ示しています。脳・神経系は，生後，急速に発達し，10歳前後には，成人の90％近くに達するのに対し，リンパ型は12歳前後の200％近くから少しずつ減少し，20歳近くで成人域に入るというのが，その概要です。

（1）神経型と一般型

　幼児期では，神経型だけが，すでに成人の80％近く達しているのに，一般型の発育は極めて未熟で，青年期になるまで完成を待たねばなりません。このような状態なので，幼児は運動あそびの中で調整力に関することには長足の進歩を示しますが，筋力を強くすることや持久力を伸ばすことは弱いようです。

　したがって，4・5歳児が「部屋の中での追いかけごっこ」や「自転車乗りの練習」をするときには，親顔負けの進歩を示しますが，「タイヤはこび」や「マットはこび」では，まるで歯がたたないのです。

　つまり，幼児期における指導では，まず，下地のできている感覚・神経系の機能を中心とした協応性や敏捷性，平衡性，巧緻性などの調整力を育てるような運動をしっかりさせてやりたいと願います。しかし，筋肉や骨格などは，まだ成人の30％程度の発育量を示すに過ぎないからといって，筋力を用いる運動がまったくの無意味と考えてもらっては困ります。幼児の日常生活に必要とされる手や足腰の筋力を鍛えることは，幼児にとっても大切なことです。

　実際には，子どもの運動機能の向上を考える場合，第一に器用な身のこなしのできることを主眼とし，筋力や持久力は運動あそびの中で副次的に伸ばされるものととらえます。また，運動機能は，感覚・神経機能や筋機能，内臓機能など，諸機能の統合によって，その力が発揮されるものです。

（2）生殖型

　生殖腺系の発育は，幼児期や小学校低学年の児童期の段階では，成人の約10％程度であり，男女差による影響は少ないと考えられます。

（3）リンパ型

　リンパ腺系の発育は，幼児期に急速に増大し，7歳頃には，すでに成人の水準に達しています。そして，12歳前後で，成人の2倍近くに達します。つまり，抵抗力の弱い幼児は，外界からの細菌の侵襲などに備え，からだを守るために，リンパ型の急速な発達の必要性があると考えます。さらに，成人に近づき，体力がつき，抵抗力が強化されると，それとともに，リンパ型は衰退していくのです。

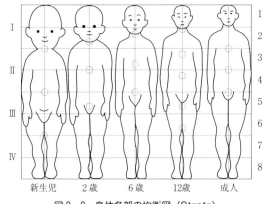

図2-2　身体各部の均衡図（Stratz）

〔前橋　明：幼児の体育，明研図書，p. 8，1988.〕

3．身体各部の均衡の変化

　身体各部分の均衡の変化について，シェトラッツ（Stratz）[2]の研究をもとに考察してみますと，子どもは，大人を小さくしたものではなく，年齢によって，身体各部の釣合は変化することがわかります。例えば，頭身を基準にすると，新生児の身長は，頭身の4倍，すなわち，4頭身です。2歳で5頭身，6歳で6頭身，12歳で7頭身，成人ではほぼ7〜8頭身になります（図2-2）。

　つまり，幼児は，年齢が小さい程，頭部の割合が大きく，四肢が小さいのです。その重い頭が身体の最上部にあるということは，からだ全体の重心の位置がそれだけ高いところにくるために不安定になり，転びやすくなります。しかも，幼児期は，からだの平衡機能の発達自体も十分に進んでいないため，前かがみの姿勢になったとき，一層バランスがとりにくく，頭から転落し，顔面をケガする危険性が増大するわけです。

4．発達の順序性と幼児期の運動

　運動機能の発達は，3つの特徴があります。

①頭部から下肢の方へと，機能の発達が移っていきます。

②身体の中枢部から末梢部へと，運動が進みます。

③大きな筋肉を使った粗大な運動しかできない時期から，次第に分化して，

小さな筋肉を巧みに使える微細運動や協調運動が可能となり，意識（随意）運動ができるようになります。

　発育・発達には，ある一定の連続性があり，急速に進行する時期と緩やかな時期，また，停滞する時期があります。幼児の運動機能の向上を考える場合，第1に器用な身のこなしのできることを主眼とし，はじめは，細かい運動はできず，全身運動が多く，そして，4〜5歳くらいになると，手先や指先の運動が単独に行われるようになります。5〜6歳になると，独創的発達が進み，さらに，情緒性も発達するため，あそびから一歩進んで体育的な運動を加味することが大切になってきます。競争や遊戯などをしっかり経験させて，運動機能を発達させましょう。跳躍距離は，5歳児では両足とびで，自身の身長分を跳べ，6歳児になると，3歳児の2倍近くの距離を跳べるようになります。これは，脚の筋力の発達と協応動作の発達によるものです。

　投げる運動では，大きな腕の力や手首の力があっても，手からボールを離すタイミングを誤ると，距離は伸びません。懸垂運動は，筋肉の持久性はもとより，運動を続けようという意志力にも影響を受けます。幼児期では，運動能力，とくに大脳皮質の運動領域の発達による調整力の伸びがはやく，性別を問わず4歳頃になると，急にその能力が身についてきます。これは，脳の錘体細胞が4歳頃になると，急に回路化し，それに筋肉や骨格も発達していくためでしょう。

　発育・発達は，それぞれの子どもによって速度が異なり，かなりの個人差のあることをよく理解しておかねばなりません。児童期になると，からだをコントロールする力である調整力が飛躍的に向上します。乳幼児期からの著しい神経系の発達に筋力の発達が加わり，構造が複雑な動作や運動が可能となります。スポーツ実践においても，乳幼児期に行っていたあそびから進化して，ルールが複雑なあそびや，より組織的な運動やスポーツ，教育的なプログラムを加味した体育活動ができるように変化していきます。

5．運動発現のメカニズム

　幼児期は，大脳の脳細胞同士の連絡回路がしっかりできていないため，知

覚・判断・思考・運動など，高等な動きや情緒をもつことができず，適応行動
ができない状態にあります。大脳皮質には，運動の型をつくる能力があり，一
定の運動をくり返すことによって神経繊維が結びつき，脳細胞間で連絡回路が
でき，この回路が，運動の型を命令する中枢となります。目的に合う合理的な
運動をするためには，感覚系の動きと，運動を命令する中枢神経系の働きとが
重要です。例えば，自転車に乗ったことのない人は，いくら手足の神経や筋肉
が発達していても，自転車にはじめから上手に乗れません。子どもでも，大脳
皮質に自転車乗りに適した回路ができると，その命令で運動神経系や筋系がう
まく協調しながら働きます。はじめは，バラバラである運動感覚の統合が次第
になされていくわけです。

　運動には，意識的運動（随意運動）と，意識とは無関係な反射運動とがあり
ます。運動の発現過程は，情報を伝える働きをする5つの感覚器官（視覚，聴
覚，臭覚，味覚，触覚）が外界から刺激を察知し，脳に情報を伝え，認識，分析，
調整，判断し，どの筋肉をどのように動かすかの指令を出し，行動を始めます。

　外からの刺激は，受容器（目や耳，手などの感覚器官）によって感じとられ，
情報として知覚神経系を通り，大脳に達します。大脳では，それらの情報を比
較・判断し，決定がなされた後，命令となって脊髄を通り，運動神経系を通っ
て運動を起こす実行器（筋肉）に達します。結果，筋肉が自動調整されながら
収縮し，運動を起こすことになります。その結果は，たえず中枢に送られ，
フィードバックされていきます。

　脳が指令を出しただけでは，様々な運動パターンに対応できません。情報を
的確に認知し，その指令に従って上手に筋肉をコントロールできる子は，運動
神経が優れている子どもです。的確な指令をすばやく伝達できるか，的外れな
指令によって，同じ目的に向かって筋肉を動かしても，大脳からの指令の違い
によって，結果には大きな差が生じます。

　体力・健康の増進というと，すぐ肉体的な面に目が向けられがちですが，精
神的発達や知的発達と密接に結びついていることを忘れてはなりません。外の
世界に対して，積極的，かつ，能動的に働きかけるようになり，生きる意欲も
高まり，ひいては健康も増していきます。逆に何もしないと，体力は弱まり，

気力も衰えます。病気がちでは，内向的にもなりやすいです。健康であれば，自信もつくし，冒険心もついてきます。このように，性格形成にも大きく影響を与えますので，早期における健康・体力づくり，外あそびでのからだ動かしは，大変重要といえるでしょう。

　子どもたちが行う運動は，それが非常に簡単なものであっても，発達した脳の活動なしに，決して行えるものではありません。人間が生きている限り，身体活動は必須であり，それによって，発育・発達をし，生命を維持することができるからです。つまり，幼児期から，少しずつではありますが，身体活動の促進により，自己の生活空間を拡大し，社会性や情緒面の諸能力を可能なかぎり助長しているわけです。

　このような外あそびや身体活動の積極的な促進は，人間としての統合的な発達の上で重要な役割を果たしてくれます。もし，発育期の最大の刺激となる身体活動がなされていないならば，子どもたちの潜在的能力が十分に発揮されないことになります。いずれにしても，発達刺激としての運動を実践することは，身体的発達を助長し，さらに，情緒的な発達，社会的態度の育成，健康・安全を配慮する能力などを養い，人間形成に役立っていきます。

　はじめての動作は，ぎこちない意識的動作ですが，繰り返すことによってなめらかになり，特別の意識を伴わないででき、しだいに反射的な要素が多くなります。要は，機械的で効率的な動きになっていくのです。これが，運動技術の上達のプロセスです。

　子どもが「ひとり歩き」ができないのに，突然「走る」ことができるといった順序を変えて進むことはありません。運動機能の発達は，子どもの動作で判断できるため，第三者が観察しやすく，成長発達の段階も捉えやすいのです。

【文　献】

1)　Scammon：発育曲線（細川淳一編）幼児の健康－理論と実践－，共栄出版，p. 12，1984.
2)　Stratz Walson：Growth and Developmont　5版，1967.〔古谷　博：母と子の健康科学，放送大学教育振興会，p. 204，1988.〕

（前橋　明）

第2節　子どもにとっての外あそびの役割と効果

　前節で，子どもの発育プロセスを学んだうえで，子どもの成長・発達の側面から外あそびの役割と効果をあたらめてみていきましょう。

1．身体的発育の促進

　外あそびでの運動とからだの発育・発達とは，切り離しては考えられません。適度な身体活動や運動実践は，身体的発育を促進します。すなわち，外あそび中の全身運動は，生体内の代謝を高め，血液循環を促進し，その結果として，骨や筋肉の発育を助長していきます。筋肉は，運動によって徐々にその太さを増し，それに比例して力も強くなります。逆に，からだを動かさず，筋肉を使わないと，廃用性萎縮といって，筋肉が細くなり，力も弱くなります。つまり，筋肉は運動することによって強化されるのです。砂あそびやボール投げ，ブランコ・すべり台・ジャングルジム等を利用しての外あそびは，特別な動機づけの必要もなく，ごく自然のうちに筋力をはじめ，呼吸循環機能を高め，身体各部の成長を促進していきます。

　要は，外あそびをすることによって，運動量が増えて体力や健康が養われ，それらが増進されると，子どもたちは，より活動的な運動あそびを好むようになり，同時にからだの発育が促されていくのです。

2．運動機能の発達と促進

　身体活動をすることによって，それに関連する諸機能が刺激され，発達していきます。しかし，各々の時期に，とくに発達する機能とそうでない機能とがあります。例えば，幼児の神経機能は，出生後，きわめて著しい発育を示し，生後6年間に成人の約90％に達します。運動機能は，脳神経系の支配下にありますから，神経機能が急速に発達する幼児期から，外あそびでいろいろな運動を経験させ，運動神経を支配する中枢回路を敷設しておくことが大切です。また，幼児期に形成された神経支配の中枢回路は，容易に消えないので，その時

期においては，調整力を中心とした運動機能の開発をねらうことが望ましいといえます。

　運動によって運動機能が発達してくると，自発的にその機能を使用しようとする傾向が出てきます。そのことによって，運動機能はさらに高められ，児童期の終わり頃にはかなりの段階にまで発達していきます。

　こうして，外あそびでの多様な運動経験を通して，子どもたちのからだに発育刺激を与えることができるとともに，協応性や平衡性，柔軟性，敏捷性，リズム，スピード，筋力，持久力，瞬発力などの調和のとれた体力を養い，空間での方位性や左右性をも確立していくことができます。

　つまり，からだのバランスと安定性の向上を図り，からだの各運動相互の協調が増すことで，全体的・部分的な種々の協応動作の統制を図ることができるようになるのです。そして，からだの均整が保たれ，筋肉の協同運動が合理的に行われるようになると，運動の正確さやスピードも高められ，無駄なエネルギーの消費を行わないようになります。このように，体力や基礎的運動能力を身につけ，エネルギー節約の方法を習得できるようになります。

　また，食品からの摂取のほか，太陽光に当たることで生成されるビタミンDは，たんぱく質の働きを活性化し，カルシウム・リンの吸収を促進し，正常な骨格と歯の発育を促します。脳・神経機能の発達が著しい幼児期に，外あそびや運動を積極的に行うことは，その後の運動能力発達の基盤となり，幼児期以降の身体能力の向上に繋がります。

3．健康の増進

　動的な外あそびを積極的に行うことにより，血液循環が良くなり，心臓や肺臓，消化器などの内臓の働きが促進されます。また，運動をくり返すことによって，外界に対する適応力が身につき，皮膚も鍛えられ，寒さに強く，カゼをひきにくい体質づくりにもつながります。

　つまり，寒さや暑さに対する抵抗力を高め，からだの適応能力を向上させることは，健康づくりに大いに役立ちます。

4．情緒の発達

　友だちといっしょに外あそびに興じることによって，情緒の開放と発達が促されます。また，情緒の発達にともなって，子どものあそびや運動の内容は変化します。すなわち，運動と情緒的発達との間にも，密接な相互関係が成り立っているのです。

　情緒は，単なる生理的な興奮から，快・不快に分化し，それらは，さらに愛情や喜び・怒り・恐れ・しっと等に細かく分かれていきます。そして，5歳頃までには，ほとんどすべての情緒が表現されるようになります。このような情緒の発達は，人間関係の交渉を通して形成されます。この初期における人間関係の媒介をなすものがあそびであり，中でも，外あそびを媒介として，幼児と親，きょうだい同士，友だち等との人間関係がより強く形成されながら，からだも丈夫になっていきます。そして，外あそびの実践は，子どもたちが日常生活の中で経験する不安，怒り，恐れ，欲求，不満などを解放する上での安全で有効な手段となっていきます。

　なお，心身に何らかの障害をもつ子どもの場合，心配で放っておけないということから，運動規制が強すぎたり，集団での運動経験が不足したりしている状態で育っているというケースが比較的多くみられます。自閉児と呼ばれている子どもたちの中には，十分な体力をもちながら，運動エネルギーを不燃のまま自分の殻の中に閉じ込め，それが情緒的にネガティブな影響を及ぼしているケースも，少なくありません。

　そこで，こういった経験の不足を取りもどし，子どもたちの中で眠り続けてきたエネルギーに火をつけ，運動により十分発散させてあげることが，情緒的にも精神的にも極めて重要です。多動で落ちつきのない幼児についても，同じことがいえます。大きなつぶつぶの汗が出るほど運動した後は，比較的落ちついてくるものです。多動だからといって，無理に動きを規制すると，かえって，子どもたちを多動にさせていきます。いずれにしても，外あそびは身体面の発達だけでなく，健全な情緒の発達にとっても重要な意味をもっています。

5．知的発達の促進

　子どもは，幼い頃から外あそびや運動を中心とした身体活動を通して，自己と外界との区別を知り，自分と接する人々の態度を識別し，物の性質やその扱い方を学習していきます。また，対象物を正しく知覚・認識する働きや異同を弁別する力などの知的学習能力も養われていきます。外あそびで，子どもたちは，空想や想像の力を借りて，あらゆる物をその道具として利用します。例えば，大きな石はとび箱になり，ジャンプ台になり，ときには，馬にもなっていくのです。

　このような外あそびは，子どもたちの想像する能力を高め，創造性を養い，知的能力の発達に寄与していきます。運動遊具や自然物をどのように用いるかを工夫するとき，そこに思考力が養われていきます。様々な運動遊具を用いる運動によって，幼児はその遊具の使い方やあそび方，物の意義，形，大きさ，色，そして，構造などを認識し，学習していくのです。知的発達においては，自分の意志によって環境や物を自由探索し，チェックし，試みていくことが重要ですが，ときには指示を与え，物の性質やその働きを教えていくことも大いに必要です。

　そして，外あそびの中で，成功や失敗の経験を積み重ねていくことが，知的発達の上で大切になってきます。また，友だちといっしょに遊べるようになると，自然のうちに認知力や思考力が育成され，集団思考ができるようになります。そして，模倣学習の対象も拡大し，運動経験の範囲も広くなっていきます。子どもたちは，こうして自己と他人について学習し，その人間関係についての理解を獲得していきます。さらに，自己の能力についての知識を得るようになると，子どもたちは他人の能力との比較を行うようになっていきます。

　生理学的にみると，脳の機能は，細胞間の結合が精密化し，神経繊維の髄鞘化が進むにつれて向上していきます。神経も，適度に使うことによって，発達が促進されるという「使用・不使用の原理」が働いていることを覚えておきたいものです。

6．社会性の育成

　子どもたちが仲間といっしょに外あそびをする場合，順番を守ったり，みんなと仲良くしたりすることが要求されます。また，互いに守らねばならないルールがあって，子どもなりにその行動規範に従わねばなりません。外あそびでは，集団の中での規律を理解するための基本的要素，協力の態度など，社会性の内容が豊富に含まれているため，それらを十分に経験させることによって，社会生活を営むために必要な態度が身についてきます。

　つまり，各種の運動実践の中で，指示にしたがって，いろいろな運動に取り組めるようになるだけでなく，仲間といっしょに運動することによって，対人的認知能力や社会的行動力や規範意識が養われていきます。こうして，仲間とともに遊ぶことで，ルールの必要性を知り，周囲への気配りと自己の欲求を調整しながら，運動が楽しめるようになっていきます。

7．疾病予防・治療的効果

　様々なタイプの運動障害が起こってくるのは，脳から調和のとれた命令が流れない・受け取れないためです。運動障害の治療の目標を，運動パターンや動作，または，運動機能と呼ばれているものの回復におき，その状態に応じた身体活動をさせることによって，筋肉の作用，平衡，姿勢，協調，運動感覚（自分のからだの各部が，どんな運動をしているかを認知できる感覚），視覚，知覚などの日常における運動を組み立てている諸因子の調和を図ることができるようになります。

　機能の悪さは，子どもがひとりで生活できる能力やあそびを楽しむ能力を奪ったり，抑制したりします。そこで，正常で，効率的な活動パターンを外あそびの実践の中で学んでいくことによって，子どもたちは能力に見合う要求を満たすことができるようになります。

　また，言葉を発しない障がい児は，思考や感情を十分に表現できないので，種々の外あそびの中でからだを動かして感情や欲求の解放を図ることができます。

　これまでの調査・研究により，外あそびの時間が増えたことで，近視の子ど

もたちの数が減ったり，近視の程度が軽くなったりしており，外あそびと近視とは密接に関連していることがわかっています。また，近くを見る時間が長くても，外あそびをしっかりしていれば，子どもの近視の程度は軽くなるようです。

　なお，近視は，遺伝的な要素が考えられがちですが，両親が近視でも，1日2時間以上，外でしっかり遊んでいる子どもは近視になる確率が低く，両親が近視でなくても，外で遊ばない子どもは近視になりやすいです。よって，外あそびの時間が，近視の発症の抑制に，非常に大事と考えます。最近では，外あそびの時間を増やすことにも，積極的です。1日60〜80分くらい，朝の始業時間前や昼休みを長く取る等の工夫をして，子どもたちを遊ばせることで，近視の有病率がぐっと減っています。そのほか，①戸外で，遠くと近くを交互に見ることは，毛様体筋の動きを活発化させ，目の血液循環と新陳代謝に有効です。②睡眠中に眼球の筋肉がリラックスし，目の疲れを軽減することで，近視の進行を抑制します。睡眠時間が短いほど，近視になりやすく，睡眠不足が体内のホルモンバランスを崩すことで，眼内圧が不安定になり，長期的に視力にネガティブな影響を与えます。③十分な睡眠は，眼球の筋肉を休ませることにつながり，近視の予防と治療に有効です。④適切な光環境は，近視進行を抑制し，屋外での活動を促進することが，目の保護に役立ちます。外あそびが30分以上，夕食後，夜，外出しない幼児の裸眼視力の異常発生率は，低く保たれます。

　外あそびの何が，近視の抑制に有効なのかについては，外あそびの様々な要素のうち，目には「光環境」が効いていることがわかってきています。その中でも，光の波長，紫外線より少し長い紫色の光である「ウルトラバイオレット」の近視抑制効果が着目されています。ひなたで，陽の光がさんさんとしている場所がベストですが，日陰でも十分有効な光が入ってきますし，例えば，室内でも，窓を開けて，窓際で本を読んだり，作業したりすることでも効果があるでしょう。

　また，栄養面からみると，デバイスの過度な使用は，睡眠や栄養状態にネガティブな影響をもたらし，健康を脅かすリスクとなり得ます。一方，太陽光に当たることで生成されるビタミンDは，たんぱく質の働きを活性化し，カルシ

ウム・リンの吸収を促進するため，正常な骨格と歯の発育を促します。よって，外あそびには，デジタルデバイスによる負の影響を打ち消す効能があると考えています。

8．安全能力の向上

外あそびで，からだを動かして体力や運動技能を身につけることは，生命を守る技術を習得していることであり，自己の安全能力の向上に役立ちます。バランスをとりながら移動したり，バランスを崩しても，手が前に出て保護動作が出たり，顎を引いて頭を守ったり，全身の筋力で踏ん張って姿勢を維持させようと努力したりできるようになっていきます。

また，ルールや指示に従う能力が育成されてくることによって，事故防止にもつながります。

9．日常生活への貢献と生活習慣づくり

外あそびをすることで，「睡眠をよくとり，生活のリズムづくりに役立つ」「運動後の空腹感を満たす際に，偏食を治す指導と結びつけることによって，食事の指導にも役立つ」「汗ふきや手洗いの指導を導入することによって，からだを清潔にする習慣や態度づくりに役立つ」等，基本的生活習慣を身につけさせることにもつながります。

いろいろな外あそび経験を通して，子どもたちにあそびや身体活動の楽しさを十分に味わわせることは，日常生活はもちろん，生涯を通じて自ら積極的に運動を実践しようとする態度の育成につながります。そして，「からだを動かし，運動することは楽しい」ということを体得させていくことができます。つまり，力いっぱい運動することによって活動欲求を満たし，運動そのものの楽しさを子ども一人ひとりのものとするとき，その楽しさが子どもの積極的な自発性を引き出し，日常生活を通じて運動を継続的に実践する態度へと発展させることができます。

外あそびの効能として，太陽光を浴びながらの外あそびは，子どもの体内時計を整え，睡眠不足を解消し，生活リズムの悪循環を改善する一点突破口とな

ります。健全な生活リズムと外あそびの実践は，自律神経の発達を促し，体調
や情緒を安定させます。

　子どもたちの生活に関する調査を通じていえることは，日本の子どもたちが
抱えている学力・体力・心の問題は，乳幼児期からの睡眠・食事・運動のリズ
ムが崩れて，脳や自律神経の働きを悪くしていることが影響しているというこ
とです。自律神経の働きが低下すると，体温調節や脳内ホルモンの分泌の時間
帯が乱れ，オートマチックに身体を守ることができなくなります。そうなると，
意欲的な活動がしづらくなったり，勉強に専念できない，イライラする，
カーッとなったりといった心の問題にも繋がっていきます。

　生活習慣とリズムは，小さい時期に整えてあげたいです。子どもたちには，
外で光の刺激を受けながら遊ばせよう，と心がける大人の意識が大事だと思い
ます。また，「外あそびをしよう」と言っても，今の子どもたちは，外あそび
のレパートリーをあまりもっていませんので，伝承あそびを教えたり，様々な
からだの動かし方やノウハウを教えたりという指導者が必要です。外あそびの
普及は，指導者養成とセットで行っていかなくてはならないと考えています。

　つまり，生活習慣を乳幼児期から整えていくことが大切ですが，近視の抑制
についても同じことがいえるのかどうかについては，未就学児から小学校低学
年の間に，目の成長がぐっと進み，目の形が変わります。今の医療では，まだ，
変わってしまった目の形を元に戻すことはできませんので，その時期が目に
とっても大切だということは，共通しています。積極的に外あそびをさせてあ
げたい時期です。

　くり返しますが，長時間のデバイス使用により，睡眠の量や質が低下するた
め，翌日の覚醒に影響し，注意力が低下します。乳幼児期におけるデバイス使
用の習慣は，就学時期以降の行動面での発達や生活習慣にネガティブな影響を
与えます。一方，太陽光を浴びることで，子どもの体内時計が調整され，睡眠
不足が解消されるため，生活リズムの悪循環が改善します。健全な生活リズム
と外あそびの実践は，大脳や自律神経機能の発達を促し，体調・情緒を安定さ
せます。

（前橋　明）

10. 自然の知識と自然との関わり

　一方，外あそびを子どもたちが自然の環境の中で行うことで，産物や実物に触れる経験から感じ，学ぶことが，生涯を生きる力の育み（基礎）として大切です。

　外だからこそ，方角を太陽の位置や地形，感覚などで理解できるようになります。方向感覚や空間認知能力を育くむとともに，暗くなりかけたら家に帰る等，自然界の変化とそれに応じた生活リズムを学べます。

　自然の中で，「何」好奇心→「知りたい」興味→「わかる」知識→「もっと，知りたい」満足→次への意欲へと連鎖し，知識が増えた分，考える力がついてきます。

　例えば，木に登る際，次はどの枝をつかんで，どこに足をかけたら登れるかを考えながら，からだを動かし，失敗を繰り返しながら，より安全に高く登れるようになっていきます。その過程こそが，生きる力の基礎づくりにつながる重要な学びの場なのです。そして，自然の中だからこそ，急がされずに自分の思いに没頭できる時間の確保やいつもの生活時間とは違う時間の流れを感じ，「戸外で，ゆったりと時間を過ごす」ことができるのが自然の良さです。

　自然から学ぶものは大きく，ゆえに，今，改めて自然を保護し，環境を維持し，守っていく取り組みが必要と考えます。このことが，近隣の公園や校庭・園庭の整備にもつながっていきます。

　このように，発達刺激としての外あそび実践は，身体的発達を助長するばかりでなく，そこから結果として，情緒的な発達，社会的態度の育成，健康・安全に配慮する能力などを養い，人間形成に役立っていく，必要不可欠で，かつ，極めて重要なものといえます。

（佐々木幸枝）

11. 足の問題改善

　自然環境には，でこぼこした地面や斜面などがたくさん存在しています。それらは，室内や整備されている平坦な道では経験できないものです。足の裏から不規則なでこぼこや斜面を感じ取り，足の指で踏ん張って平衡性を保つこと

が，足部の筋肉への刺激になります。近年増えている子どもの足の問題（扁平足，浮指，外反足，寝指など）の改善にもつながります。

（小川　真）

12.　地域の人々との関わり

　子どもの人間関係は，「タテ」，「ヨコ」，「ナナメ」に分類することができます。「タテ」の関係とは，保護者や学校の先生のような保護や指導する立場の大人との関係です。「ヨコ」の関係とは，同級生や同年代の子ども同士など，同じ立場で同等である仲間との関係です。「ナナメ」の関係とは，「タテ」でも「ヨコ」でもない，地域の大人や近所の中学生・高校生・大学生などとの関係です。

　外あそびが展開される地域の公園や路地，広場などは，年齢や性別，個性，経歴，社会的地位，価値観，生活経験が異なる多様な人々と関わり「ナナメ」の存在に出会える場でもあります。地域の方々と挨拶や会話を楽しむこともあれば，叱られることもあるでしょう。

　このように，子どもたちは，外あそびを通して地域の「ナナメ」の関係の中で，地域の慣習や公共のマナー，社会性を身につけていきます。なお，地域での「ナナメ」の存在は，時には子どもの第三の居場所（家庭や学校ではない居場所）となることもあります。

（石川基子）

第3節　外あそびにより，子どものどんな力が伸びるのか

　本節では，身体的な運動能力の視点から，外あそびでどのような力が育つの
かをみていきます。

1．体力

　外あそびで身につく体力とは，子どもたちが生活をし，活動していくために
必要な身体的能力であると考えてみましょう。

　このような意味での体力は，大きく2つの側面に分けられます。1つは，健
康をおびやかす外界の刺激に打ち勝って健康を維持していくための能力で，病
気に対する抵抗力，暑さや寒さに対する適応力，病原菌に対する免疫などがそ
の内容であり，防衛体力と呼ばれます。

　もう1つは，作業やスポーツ等の運動をするときに必要とされる能力で，積
極的にからだを働かせる能力であり，行動体力と呼ばれます。

　つまり，体力とは，種々のストレスに対する抵抗力としての防衛体力と，積
極的に活動するための行動体力を総合した能力であるといえます。行動体力の
機能面について簡単に説明してみます。

（1）行動を起こす力

・筋力（strength）

　　筋が収縮することによって生じる力のことをいいます。つまり，筋が最大
　　努力をすることによって，どれくらい大きな力を発揮し得るかということ
　　で，kgであらわします。

・瞬発力（power）

　　パワーという言葉で用いられ，瞬間的に大きな力を出して運動を起こす能
　　力です。

（2）持続する力

・持久力（endurance）

用いられる筋群に負荷のかかった状態で，いかに長時間作業を続けること
ができるかという筋持久力（muscular endurance）と，全身的な運動を長時
間継続して行う心肺（呼吸・循環）機能の持久力（cardiovascular/respiratory
endurance）に，大きく分けられます。

（3）正確に行う力（調整力）

いろいろな異なった動きを総合して，目的とする動きを正確に，かつ円滑に，
効率よく遂行する能力のことで，協応性とも呼ぶことがあります。また，平衡
性や敏捷性，巧緻性などの体力要素と相関性が高いです。

・協応性（coordination）

からだの2つ以上の部位の運動を，1つのまとまった運動に融合したり，
からだの内・外からの刺激に対応して運動したりする能力を指し，複雑な
運動を学習する場合に重要な役割を果たします。

・平衡性（balance）

バランスという言葉で用いられ，身体の姿勢を保つ能力をいいます。歩いた
り，跳んだり，渡ったりする運動の中で，姿勢の安定性を意味する動的平
衡性と，静止した状態での安定性を意味する静的平衡性とに区別されます。

・敏捷性（agility）

からだをすばやく動かして，方向を転換したり，刺激に対して反応したり
する能力をいいます。

・巧緻性（skillfulness）

からだを目的に合わせて正確に，すばやく，なめらかに動かす能力であり，
いわゆる器用さ，巧みさのことをいいます。

（4）円滑に行う力

・柔軟性（flexibility）

からだの柔らかさのことで，からだをいろいろな方向に曲げたり，伸ばし

たりする能力です。この能力が優れていると，運動をスムーズに大きく，美しく行うことができます。

・リズム（rhythm）

　音，拍子，動き，または，無理のない美しい連続的運動を含む調子のことで，運動の協応や効率に関係します。

・スピード（speed）

　物体の進行するはやさをいいます。

2．運動能力

　乳児の身体運動は，四肢の動きに始まり，少したって，頚の動き，頚の筋肉の力が発達して頭部を支え，7～8か月頃になると，座ることができ，平衡感覚が備わってきます。続いて，手・脚の協調性が生まれるとともに，手や脚，腰の筋力の発達によって，からだを支えることができるようになり，這いだします。這う機能が発達してくると，平衡感覚もいっそう発達して，直立，歩行を開始します。これらの発達は，個人差があるものの，生後1年2～3か月のうちに，この経過をたどります。

　幼児期になると，走力や跳力，投力などの基礎的運動能力が備わってきます。幼児の運動能力を発達させるには，興味あるあそびを自発的にくり返し経験させることが大切です。というのも，3～4歳頃になれば，運動能力はあそびを通して発達していくからです。

　ところで，ここでいう「運動能力」とは，全身の機能，とくに神経・感覚機能と筋機能の総合構成した能力と考えます。また，基礎的運動能力として，走力や跳力の伸びがはやく，とくに3～5歳では，その動きが大きいといえます。なかでも，走る運動は，全身運動であるため，筋力や心肺機能（呼吸循環機能）の発達と関係が深く，跳躍運動は，瞬発的に大きな脚の筋力によって行われる運動ですから，その跳躍距離の長短は腕の振りと脚の伸展の協応力とも関係が深いといえます。跳躍距離に関しては，6歳児になると，脚の筋力の発達と協応動作の発達により，3歳児の2倍近くの距離を跳べるようになります。

　投げる運動では，大きな腕の力や手首の力があっても，手からボールを離す

タイミングを誤ると，距離は伸びません。とくに，オーバースローによる距離
投げの場合は，脚から手首まで，力を順に伝達し，その力をボールにかけるよ
うにする必要があります。オーバースローによるボール投げは，4歳半以後か
らは，男児の方の発達が女児に比べて大きくなります。また，懸垂運動は，筋
の持久性はもとより，運動を続けようという意志力にも影響を受けます。

　さて，体力と運動能力は，混同して理解されている場合が多いですが，体力
とは，筋力，持久力，柔軟性など，それらを発揮する際のスキルをできるだけ
排除した形でとらえた生体の機能を意味し，運動能力は，走，跳，投といった，
体力に運動やスポーツに必要な基本的なスキルを加味した能力を意味するもの
と考えてください。

3．運動スキルと運動時に育つ能力

　運動する際に，育まれる動作スキルとして，4種類の基本運動スキルを紹介
します。また，その際に育つ身体の認識力や自己を取り巻く空間の認知能力に
ついて説明します。

（1）運動スキル

　基本の運動スキルを，4つ紹介します。

・**移動系運動スキル**

　歩く，走る，這う，跳ぶ，スキップする，泳ぐ等，ある場所から他の場所
へ動くスキルです。

・**平衡系運動スキル**

　バランスをとる，渡る等，姿勢の安定を保つスキルです。

・**操作系運動スキル**

　投げる，蹴る，打つ，取る等，物に働きかけたり，操ったりする動きのス
キルです。

・**非移動系運動スキル（その場での運動スキル）**

　ぶらさがったり，その場で押したり，引いたりするスキルです。

（2）運動時に育つ能力

運動時に育つ基本の能力を2つ紹介します。

・身体認識力

身体部分（手，足，膝，指，頭，背中など）とその動き（筋肉運動的な動き）を理解・認識する力です。自分のからだが，どのように動き，どのような姿勢になっているかを見極める力です。

・空間認知能力

自分のからだと自己を取り巻く空間について知り，からだと方向・位置関係（上下・左右・高低など）を理解する能力です。

運動能力は，体力と運動スキルの総合能力です。運動スキルを上げれば，あわせて運動能力も高まっていきます。外あそびの中に運動スキルが身につく機会を設け，子どもたちの体力に加えて，運動能力もしっかり育てていきましょう。

子どもたちの外あそびのサポートや指導の場では，あそびの実践を通して，あそびの方法やあそびの場で経験する運動スキルの向上を図ることだけでなく，「子どもたちがどのような心の動きを体験したか」「どのような気持ちを体験したか」という「心の動き」の体験の場をもたせることを大切にしてほしいと願います。つまり，心の状態をつくりあげるために，外あそびでからだを動かすと考えてみてはいかがでしょうか。

（前橋　明）

第3章
公園遊具の意義と安全性

第1節　公園遊具の意義と役割および
　　　　近年の公園づくりや整備の特徴

　子どもたちの身近なあそび場には，公園があり，公園には運動遊具があります。公園に設置されている運動遊具，中でも，固定遊具は，登ったり，渡ったり，滑ったりして，子どもたち誰もが楽しくからだを動かして遊べる遊具です。子どもたちは，遊具でのあそびを通して，心身の発達，友だちとの協力・共同・譲り合い等の社会的・道徳的発達，遊び方を工夫する知的発達などを育み，あわせて，危険予知能力や安全能力をも養います。

　つまり，公園遊具は，子どもたちの成長・発達を促進する重要な遊具であり，施設というわけです。そして，公園遊具は，子どもたちの健康の増進や体力づくり，情操を豊かにすることを目的としてつくられた運動遊具（施設）でもあり，子どもたちに，安全でかつ健全なあそびや運動の場面を提供してくれています。

1. 公園遊具の意義と役割

　よく見受けられる運動遊具・施設としては，すべり台やブランコ，うんてい等があります。その意義と役割をみていきましょう。

（1）すべり台

　公園や校庭，園庭に標準的に設置されるすべり台は，シンプルな機能をもっていますが，おもしろさがいっぱいです。すべり台を滑り降りることで，平衡

性や巧緻性をはじめとする身体調整力を高め，スピード感や空間認知能力を養います。友だちといっしょにすべり降りることで，楽しさが増したり，競争ができたりして，交流体験ももてます。

（2）ブランコ

　揺動系遊具のブランコは，時代を超えて，多くの子どもたちに親しまれている遊具です。楽しさばかりではなく，最近の子どもたちの弱くなっているバランス感覚を向上させ，様々な動作の習得に有用な身体調整力を高めてくれます。

（3）うんてい

　ぶら下がることや，ぶら下がって移動することで，上体の筋力だけではなく，全身の筋力を高め，リズム感や持久力も養います。子どもたちのからだに，比較的強い負荷をかける運動を生み出す遊具ですが，何より子どもたちの「挑戦する」というチャレンジ精神に働きかける遊具です。うんていにぶら下がって伝い移動をすることによって，筋力やリズム感，瞬発力，持久力を高めるとともに，動きを効率的に連続させるためのリズム感も養います。

（4）木登り遊具

　木登り遊具では，ダイナミックな木登りあそびが再現できます。木登りを体感できる遊具として，木登りのおもしろさ，とくに，幹から枝へ，枝から枝へ，大型であれば，安全のためにネットがらせん状に張りめぐらされ，迷路のような，あそび空間をも創ります。もちろん，子どもたちは好奇心を膨らませて枝をよじ登り，空に向かって冒険を始めます。木登り遊具は，小さな挑戦をいくつもくり返しながら，あそびを創造し，夢を育んでいきます。登る，降りる，ぶら下がる，這う等，多様な動きが経験できます。
　①木登り遊具は，育ち盛りの子どもたちが「チャレンジ精神」「運動能力」
　　「集中力」を一度に身につけることのできる運動遊具です。幹によじ登っ
　　たり，枝にぶら下がったりしながら，高い所へと登っていく楽しさやおも
　　しろさを，安全に体感できる施設です。

②遊び疲れたときには，そのままゴロン，ネットがハンモックに早変わり，からだを優しく包みます。

③木によじ登り，頂上に辿り着けば，爽快な風を感じ，情緒の解放を図ることができます。また，自然の木を模した展望施設として，地上とは違った風景に気づき，小鳥たちのさえずりも身近に聞こえる格好のバードウォッチングのポイントにもなります。

（5）モニュメント遊具・恐竜遊具

シンボルや記念となる遊具や，博物館でしか見ることのできなかった古代の生き物や恐竜などの遊具が，子どもたちのあそび場にやってくるわけです。安全性とリアリティ感を経験でき，また，本物の化石にも勝る存在感を味わわせてくれます。

（前橋　明）

（6）複合型遊具

複合型遊具は，コンビネーション遊具とも呼ばれ，すべり台，うんてい，トンネル，クライミングボード，ステップロード等，複数の運動遊具が組み合わさった遊具です。大型のものが多いため，子どもたちを遊具の冒険や探検に行くような気持ちにさせてくれます。近年の子どもの運動能力の低下が懸念されている中で，複合型遊具は楽しく遊んで平衡系，移動系，操作系，非移動系運動スキル等の多様な動きが経験できるため，その効果が注目されています。

（7）遊具におけるあそびの発達段階

子どもは，様々な遊具に対してあそび方を変化させていきます。仙田[1]は，遊具における子どもの発達段階を３つの段階としてとらえています（図3-1）。

第一の段階は，「機能的あそび段階」といわれます。すべり台を例に挙げると，すべり台の階段を昇り，座ってすべることです。鉄棒では，足ぬき回りや逆上がり等です。ブランコでは，座って押してもらってこいだり，自らこぐことです。つまり，遊具に備わったあそびの機能を初歩的に体験する段階です。

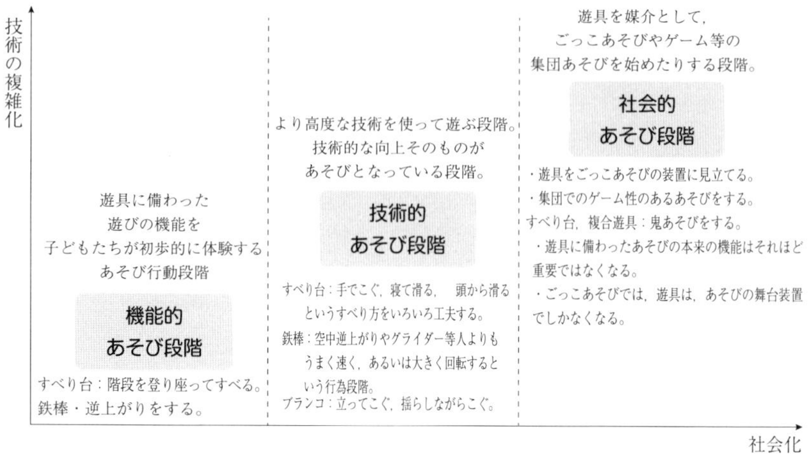

図中（縦軸：技術の複雑化，横軸：社会化）

機能的あそび段階

遊具に備わった
遊びの機能を
子どもたちが初歩的に体験する
あそび行動段階

すべり台：階段を登り座ってすべる。
鉄棒・逆上がりをする。

技術的あそび段階

より高度な技術を使って遊ぶ段階。
技術的な向上そのものが
あそびとなっている段階。

すべり台：手でこぐ，寝て滑る，　頭から滑る
　というすべり方をいろいろ工夫する。
鉄棒：空中逆上がりやグライダー等人よりも
　うまく速く，あるいは大きく回転すると
　いう行為段階。
ブランコ：立ってこぐ，揺らしながらこぐ。

社会的あそび段階

遊具を媒介として，
ごっこあそびやゲーム等の
集団あそびを始めたりする段階。

・遊具をごっこあそびの装置に見立てる。
・集団でのゲーム性のあるあそびをする。
すべり台，複合遊具：鬼あそびをする。
・遊具に備わったあそびの本来の機能はそれほど
　重要ではなくなる。
・ごっこあそびでは，遊具は，あそびの舞台装置
　でしかなくなる。

図3-1　遊具におけるあそびの発達段階

〔仙田　満：こどものあそび環境，鹿島出版，pp.102-119，2009，を基に筆者作成〕

　次に，「機能的あそび段階」がくり返されると，子どもは，より高度な技術を追求する第二の段階である「技術的あそび段階」に移行します。すべり台であれば，腹ばいになって頭からすべる，友だちと連結してすべる等すべり方をいろいろ工夫してすべる方法やより速くすべる技術を磨きます。鉄棒では，空中逆上がりやグライダー等，人よりも上手く速く，あるいは大きく回転するという行為段階になります。ブランコでは，立ってより高くこいだり，2人でこぐことです。この段階の特徴は，技術的な向上そのものが，あそびになっていることで，子どもたちは友達と競い合って技術の向上や開発に熱中する姿も観察できます。

　そして，「技術的あそび段階」を越えると，遊具を舞台としたごっこあそび，遊具を媒介として鬼あそびのような集団でのゲーム性のあるあそびをする「社会的あそび段階」に移行します。すべり台の階段をお店のレジカウンターに見立てた "お店やさんごっこ" では，すべり台という遊具は，ごっこあそびの舞台装置となります。また，複合遊具で鬼あそびが展開されることも多いです。この段階では，遊具に備わったあそびの本来の機能はそれほど重要ではなくなります。

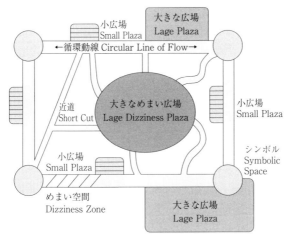

図3-2　新遊環構造

〔仙田　満：子どもを育む環境 蝕む環境，朝日新聞出版，pp. 58-66，2018.
を基に筆者作成。〕

　このように，遊具に対して子どもたちはあそびを変化させていきますが，だからこそ気をつけたい点があります。一つの遊具で異年齢児の複数の子どもたちが遊んでいる場合です。例えば，すべり台で，2歳児は「機能的なあそび段階」で座ってすべっているのと同時に，小学生が「社会的あそび段階」である鬼あそびをしているといった状況です。このような状況は，放課後や休日の公園で散見されます。衝突や落下事故などが起きないためにも，遊具におけるあそびの発達段階を理解し，それぞれの子どもにとって成長の支援となる遊具あそびを展開することが求められます。

（8）遊環構造の条件

　遊環の構造の主な条件を紹介します（図3-2）。

①循環機能があり，その循環（道）が安全で，変化に富んでいること，"めまい"を体験できる部分があること。

②中にシンボル性の高い空間や場があること。

③近道（ショートカット）ができたり，優しい課題のあるルートを選択できたりする構造になっていること。

④循環に広場，小さな広場が取り付いていること。

⑤全体がポーラス（多孔質）な空間で構成されていること。

【文　献】

1)　仙田　満：こどものあそび環境，鹿島出版，pp. 102-119，2009.

（石川基子）

２．近年の公園づくりや整備の特徴

（１）公園におけるボールあそびについて

　スポーツ庁「2020年度全国体力・運動能力，運動習慣等調査結果」によると，子どもの体力は，水準の高かった1985年頃と比較して，依然として低い数値ということです。全国体力テストは，国公私立の小学校５年生および中学校２年生を対象とし，2008年度から実施されていますが，2020年度は，新型コロナウイルス感染症拡大の影響で実施されなかったため，２年ぶりの実施でした。全８種目の合計点（80点満点）の平均値は，小学生・中学生，男女ともに，前回の2019年度より低下し，特に男子は，2008年度以来，小学生・中学生ともに過去最低の点数となりました。種目別にみますと，小学生・中学生は，男女ともに「上体起こし」「反復横とび」「20メートルシャトルラン」「持久走」の記録が大きく低下し，持久力が要求される運動時間の長い種目ほど落ち込みが顕著でした。特にボール投げの記録については，2010年度以降において低下傾向にあります。握力とボール投げは，いずれも男女で過去最低を記録しました。スポーツ庁は，キャッチボールの機会が減ったことが要因とみています。

　昔に比べて現代の公園では，ボールあそびが周囲への危険を伴うとして，ボールを投げたり，蹴ったりする等の禁止事項や規制が増えており，特に投げ方を知らずに育った子どもたちの多いことが，今日の問題です。

　また，コロナ禍において，小中学生は部活動や大会の中止，あそび場の制限など，様々な影響を受けています。そのような状況の中で，公園の果たす役割は大きいです。スポーツ庁においても，心身の健康を保つために，ボールあそびをはじめとする運動の啓発を行っており，公園の利用価値が再認識されてい

るとは思いますが，特に小学生において，あそびに夢中になり，"密状態"に
なってしまったり，他の集団と"密接"したりするので，感染の配慮に必要な
場面が見られます。

　対策として，新型コロナウイルス感染症への注意喚起の看板を，各公園に掲
示し，定期的なパトロールを行うこと，生活様式が変化するなか，子どもたち
が安全に楽しくボールあそびができるよう，感染対策もルールの一つとして周
知を行いながら，引き続き新規公園の増加を目指していくことが求められます。

　地域の公園や遊休地を，身近にある子どもたちの自由なあそび場（空間）と
して機能させるため，様々な工夫を凝らしている自治体があります。

　以下に，千葉県船橋市が取り組んだ事例を示します。

事例 1 ：2015〜2019年　千葉県船橋市　4 地区の公園検討

　2014年度こども未来会議室での中学生の提案を受けて，2015年度に「ボールあそび
のできる公園検討委員会」を設置しました。その後，公園の形や大きさの異なる 5 つ
の公園での試行や近隣住民や中学生などへのアンケート調査を実施し，委員会での検
討を図りながら，2019年度より本格実施としました。

　2019年度の振り返りでは，ボールあそびができる施設のパンフレットを小学生・中
学生へ配布しました。一部の公園には，ルール看板の設置も行い，新しい形で事業実
施をしましたが，主に周知について課題がみられる結果となりました。

　・パンフレット・ルール看板の周知に課題
　・中学校の美術部の生徒にボールあそびのルールに関するポスターを作成しても
　　らった。市作成のポスターと合わせて，小学校の昇降口に掲示した。
　・看板色を，全公園で変更した。
　・近隣の自治会にもご理解をいただいたうえで，選定を行った。
　・新規 3 公園および既に事業実施している12公園で実態調査を行い，安全にボール
　　あそびができているかを確認した。

　これらの課題を受け，中学生作成の「ボールあそびポスター」を各小学校に掲示し，
自分の地区にあるボールあそびのできる施設が把握可能となり，マップ（地図）も大
きくしたため，施設までの行き方も分かりやすくなりました。

（1）ボールあそびができる施設マップ

　ボールあそびができる各施設の場所やルールは，マップからも検索することができます。

（2）パンフレット

　市内を4地区に分け，地区ごとのボールあそびができる施設マップやルールをまとめたパンフレットを作成しました。

　　例　公園ごとのルールで遊べる公園

　　　　中部地区：夏見台近隣公園・田喜野井公園・大穴近隣公園など

　　　　東部地区：高根木戸第3号公園・前原東6丁目公園・飯山満南公園など

　　　　南西部地区：天沼弁天池公園・宮本台北公園・宮本台公園など

　　　　北部地区：新高根6丁目公園・緑台中央公園・二和西公園など

　この事業のポイントは，新たなフェンスの設置など，ハード面の整備は行わず，子どもたちと近隣住民が互いに理解し合うことや，子どもたちがボールあそびのルールを守る気持ちの醸成など，ソフト面の整備を目指し，事業を継続してきました。子どもたちと近隣住民双方の考えに沿うような事業形態として，「個々の公園状況に合わせた明確なルールを策定し，子どもたちが求める設備を備えた公園を周知する」という事業展開が実施されました。

　利用ルールの改正には，長期の時間を要することから，国からの通達により，自治体における公園の利用ルール改正プロセスの迅速化が求められます。同時に，これ以上ルールが増えないよう，地方行政との連携による子どもを地域で見守り育てるという意識の醸成が必要となります。

（2）インクルーシブ公園について

　外あそびは，乳幼児期の子どもにとって，心身の成長に大切な場となりますが，身体に障害がある子どもたちや，知的障害および発達障害などの子どもたち，あるいは，異文化の子どもたちにとっては，利用しにくく，思うように遊べないという現状があります。そこで，「どんな子どもでも成長の機会を損なわず，いっしょに遊べる公園を」という思いから生まれたのが「インクルーシ

ブ公園」です。

　「インクルーシブ」とは，「包括や包み込む」を意味し，年齢・性別・文化・個性を尊重し，誰もが互いを認め合うことです。「インクルーシブ公園」は，障害のある子どものための公園ではなく，障がいの有無にかかわらず，「誰もがいっしょに遊べる公園」です。子どもたちのあそび場や遊具にもユニバーサルデザインが取り入れられていることが「インクルーシブ公園」の特徴です。

　現在では，エレベーターや多機能トイレは，どんな人でも利用ができ，多く見られるようになりましたが，「誰もがいっしょに遊べる公園」として，ユニバーサルデザインのあそび場づくりが求められています。ユニバーサルデザインとは，1980年代にアメリカのロナルド・メイス博士が提唱した，年齢や性別，文化，言語，障害の有無などにかかわらず，どんな人でも利用できるデザインを指したものです。

　インクルーシブ公園は，欧米では20年以上前から普及されてきましたが，日本では2020年に初めて東京都に誕生しました。以下に，主なインクルーシブ公園を紹介します。

事例2：2020年3月　東京都世田谷区・都立砧公園「みんなのひろば」

　広大な敷地の一角が，インクルーシブ公園として，生まれ変わりました。

写真3-1　みらい号（船型遊具）　　　写真3-2　みらい号のスロープ

　船型遊具の「みらい号」は，車いすや歩行器のまま乗船でき，スロープは，幅が広くなっているため，車いす同士でもすれ違うことができます。マストが立つ中央には，

舵輪がついており，ぐるぐる回しながら乗船している楽しさを味わえます。すべり台は，親子が並んでいっしょに滑ることもできます（写真3-1，3-2）。

写真3-3　迷路

写真3-4　スプリングシーソー

写真3-5　複合遊具とぐるぐるマウンテン

写真3-6　楽器遊具

　迷路は，車いすでも通りやすく，様々な微細運動を伴う感覚あそびが組み込まれており，認知能力や創造力を豊かにすることができるでしょう（写真3-3）。

　スプリングシーソーや回転遊具の「ぐるぐるマウンテン」は，みんなでいっしょに乗ることができ，身体を動かしながら，回る・揺れる・ジャンプする等，実際に体験ができます（写真3-4，3-5）。

　楽器遊具は，手で鍵盤を押しながら遊び，音の楽しさを味わうことができるでしょう（写真3-6）。

　広場内は，クッション性に優れたゴムチップで舗装されています。アスファルト部分は，滑りにくい樹脂系舗装がされているため，ケガや事故のリスクが軽減されます。

─── 事例3：2021年7月　東京都渋谷区「恵比寿南二公園」 ───

遊具の一部がインクルーシブ遊具へと改修リニューアルされました。

写真3-7　ロックスオールシーソー

　高い背もたれ付きのシートや手すりがついたシーソーは，安心して乗ることができ，安全に楽しめます（写真3-7）。

写真3-8　ハーネスがついたブランコ

写真3-9　砂場テーブル

　ハーネスでしっかり身体が固定できるため，乳児や体幹が弱い子どもたちも，落下の心配がなく，ブランコに乗ることができ，揺れる楽しさを体感できます（写真3-8）。
　砂場では，車いすに乗ったまま，砂場テーブルでいっしょに遊ぶことができます（写真3-9）。

─── 事例4：2021年3月　神奈川県藤沢市「秋葉台公園」 ───

　神奈川県で初めて，障がいの有無に関係なく，子どもたちがいっしょに遊べるように設計された「トリム広場」が誕生しました。

写真3-10　インクルーシブ広場の看板

写真3-11　回転遊具

　インクルーシブ広場の看板が掲げられ，それぞれの遊具が十分な空間に配置され，保護者も見守りやすい環境です（写真3-10，3-11）。

写真3-12　複合遊具

写真3-13　スイング遊具

写真3-14　スイング遊具のスロープ

　複合遊具やスイング遊具は，車いすごと入れる長いスロープがあり，子どもたちが遊具で遊べる期待感が高まります（写真3-12，3-13，3-14）。

　次に，2018年「すべての子どもにあそびを——ユニバーサルデザインによる
公園のあそび場づくりガイド」による「ユニバーサルデザインの遊び場の5原
則」を紹介します。

①アクセシビリティ：誰もが公平にアクセスでき，最大限に自立してあそび
　に参加できるよう，物理的環境を整える。
②選択肢：誰もが自分の好きなあそびを見つけ，様々な力を伸ばせるよう，
　多彩なあそび要素とチャレンジの機会を提供する。
③インクルージョン：誰もが対等にあそびに参加し，相互理解が深まるよう，
　インクルーシブな環境をつくる。
④安心・安全：誰もが危険にさらされることがなく，のびのび遊べるよう，
　細やかな配慮と工夫を凝らす。
⑤楽しさ：誰もがワクワクしながら，自らの世界を大きく広げられるよう，
　あそびの価値の高い環境を目指す。

　公園の新設や改修は，容易なことではありませんが，これらの公園は，いず
れも障害をもつ子どもの保護者や市民団体，自治体および東京都の連携によっ
て生まれた公園です。SDGsの達成へ向けては，世界中において気運が高まり
つつある中，日本でも，様々な形でインクルーシブ公園づくりが広まりつつあ
ります。インクルーシブ公園で大切にされている理念は，「障害があっても遊
びやすい」ではなく，「すべての子どもがいっしょに遊べる」ということです。
あらゆる個性や背景をもつ子どもたちが，いっしょになって遊ぶことにより，
子どもたちだけではなく，保護者らにとっても，多くの気づきを得られる場と
なっていくでしょう。
　近年では，欧米だけでなく，アジア諸国のシンガポールや台湾などでも，イ
ンクルーシブ公園の設置が広がりをみせています。日本でも，自治体における
街区公園をはじめとする各地域において，それぞれの地域の実状に合ったユニ
バーサルデザインのあそび場を創造し，インクルーシブ公園として誕生してい
くことが理想とされます。

　日本において初の事例となった東京都は，2021年に「だれもが遊べる児童遊具広場のガイドライン」を創設し，他の自治体への提供を開始しました。しかしながら，実際には，インクルーシブ公園の要望が，市民からの声として自治体へ挙げられても，「全国的な導入状況を把握した上で，研究していきたい」と消極的な回答になっているのが現状です。まずは，多様性への相互理解の深まりが，インクルーシブな地域社会への実現に向けての足掛かりとなります。

【文　献】
1)　スポーツ庁：令和3年度全国体力・運動能力，運動習慣等調査結果，2021.
2)　船橋市建設局都市整備部公園緑地課：公園でのボール遊び事業　令和元年度実施報告書，2020.
3)　みーんなの公園プロジェクト編著：すべての子どもに遊びを——ユニバーサルデザインによる公園の遊び場づくりガイド，みーんなの公園プロジェクト，2018.
4)　みーんなの公園プロジェクト編著：インクルーシブな遊び場づくりミニガイド「はじめの一歩！」編，一般社団法人 TOKYO PLAY，2021.

【写真提供】筆者撮影。

（松原敬子）

（3）最新の運動遊具の導入

　あそびの環境は，時代とともに変化しています。現代の子どもたちは，テレビゲームやスマートフォンで遊ぶことが増え，戸外で遊ぶことが減り，体力を十分につけることができなくなっています。また，環境面でも都市化が進み，昭和時代は自然の起状の中で運動能力を育むことができていましたが，現状では，そうしたあそび環境が整っているとはいえません。このような現代の状況を踏まえて誕生したのが，運動遊具「PLAY COMMUNICATION（以下，ＰＣ：ジャクエツ製）」です。ＰＣは，子どもたちの体力や運動能力はもちろん，広い踊り場と多様な新機能パーツで，子どもたち同士の関わり合いをつくりながら，子どもたちの成長に必要な5つの要素（身体的，社会的，知的，精神的，情緒的要素）がバランスよく育まれるように，設計・デザインされたアルミ製の総合遊具です。

写真3-15　PLAY　COMMUNICATION　PC03

①運動遊具が子どもたちに与える効果を調査

　東京都小平市の丸山幼稚園と早稲田大学　前橋　明研究室のご協力のもと，ＰＣ（写真3-15，3-16，3-17）が子どもたちに与える効果の分析を試みました。

　①固定遊具ＰＣのみで30分遊んだ場合と，ＰＣ以外で30分遊んだ場合の幼児の歩数（動き）の変化と，②ＰＣで遊び続けることにより，得られる幼児の運動スキルの把握を目的に，年長の幼児（5歳児）の28名を対象として，4月，6月，1月の各月2日間，午前中の10：30-11：00に測定を行いました（写真3-18）。

　1日目の測定は，30分間，ＰＣのみで遊びます。2日目の測定は，30分間，ＰＣ以外で遊んでもらいます。測定の機器は，スズケン製ライフコーダＧＳ4秒版を腰につけて測定しました。測定後には，歩数データを集計し，平均歩数を算出しました。分析にあたっては，①ＰＣのみのあそびとＰＣ以外の外あそびについて，幼児の歩数データと幼児の動きの種類（4つの運動スキル）を比較しました。②ＰＣあそびのバリエーションとして，自由に遊ぶ場合と，ルート設定したサーキットあそびについて，幼児の歩数データと幼児の動きの種類（4つの運動スキル）を比較しました。

写真3-16　段差パネル

写真3-17　はしごわたり

写真3-18　調査の様子

②ＰＣの効果の調査結果

〈４月の調査結果〉

　４月に調査したＰＣのみのあそびとＰＣ以外の外あそびにおいて，１分毎の平均歩数で比較した結果を，図3-3に示しました。

　ＰＣあそびについて，図3-3をみますと，ＰＣあそびでは，30分間を通して，平均60歩／分の歩数を確保でき，継続的に動き続けていました。一方，ＰＣ以外の外あそびでは，平均40歩／分未満が半数いました。この日の外あそびは，自分が好きなあそびのみを行ったため，30分間，砂場のみで遊び，ほとんど動かない子や，うんていだけで遊び続ける子もおり，時間や個人ごとにあそび内容や歩数に偏りがでる結果となりました。

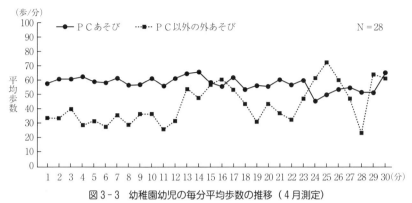

図3-3　幼稚園幼児の毎分平均歩数の推移（4月測定）

〔ジャクエツプレイデザインラボ・早稲田大学（前橋研究室）チーム作成。〕

写真3-19　1日目のPCあそびの様子（4月）

写真3-20　2日目の外あそびの様子（4月）

〈6月の調査結果〉

　6月のPC以外の外あそびでは，運動会が近かったため，全員がリレーの練習をしていました。

　リレーは走運動ですので，歩数が多くなりそうでしたが，実際には，園庭を一周したらバトンタッチで交代して，走っている時間以外は待ち時間となり，30分間動き続けることはできていませんでした。30分間の平均歩数は，PCの約60歩／分に対し，リレーの外あそびは，約40歩／分でした（図3-4）。

　よって，PCあそびでは30分間継続して動き続けることができ，「ドキドキ」や「ハァハァ」しながら汗をかくくらいの運動ができ，心拍機能が高まることや自律神経の働きを高めることが期待できると推察しました。

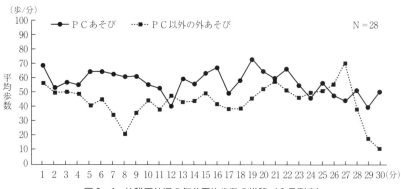

図3-4　幼稚園幼児の毎分平均歩数の推移（6月測定）

〔ジャクエツプレイデザインラボ・早稲田大学（前橋研究室）チーム作成。〕

写真3-21　1日目のPCあそびの様子（6月）　　写真3-22　2日目の外あそびの様子（6月）

　次に，園庭の状況に注目してみますと，本調査にご協力いただいた丸山幼稚園は，都内でも広い園庭（1,000㎡超）をもつ幼稚園です。リレーのように，子どもたちが思いきり園庭を走り回れる環境なので，保育者の言葉かけや応援などがあれば，十分に動き続けることができます。また，広い園庭であれば，多種多様な遊具を導入することが可能であり，走り続けるだけでは得られない運動スキルを身につけることができます。それぞれの外あそびで得られる運動スキルは，表3-1のとおりです。

　これらの外あそびは，それぞれ得られる運動スキルが異なるため，バランスよく様々な外あそびを取り入れることが必要です。しかし，園庭が狭い園では，どうしても動き続けることが難しく，運動遊具も設置できる大きさが限定され

表 3-1　外あそびで得られる運動スキル（参考：M 幼稚園設置遊具）

おもな外あそび	身体的側面				社会的側面	知的側面	精神的側面	情緒的側面
	移動系運動スキル	非移動系運動スキル	平衡系運動スキル	操作系運動スキル				
砂場		○		◎	○	◎	○	○
うんてい	○	◎	○		○		◎	○
ブランコ			◎	○				○
くつ型ハウス	○					○		
カメ型すべり台	○		◎					◎
鉄棒		◎	○				◎	○
竹馬	○		◎	◎			○	○
リレー※	○		○		○		○	○
サッカー※	○		○	○	◎	○	○	○
なわとび		○	◎	○			◎	○

※ 6 月の外あそびはリレー，1 月の外あそびはサッカー
〔ジャクエツプレイデザインラボ作成。〕

てしまいます。上記のような運動スキルをバランスよく身につけること自体が
難しいです。

③運動遊戯の設置

　では，ＰＣを園庭に設置する場合，どのくらいの広さが必要かをみてみますと，バスケットコートの半分ほどの広さ（12 m×15 m ※安全領域を含む）があれば設置できます（図 3-5）。

　また，園庭ですでに設置されている遊具を置き換える場合は，2 人乗りブランコとすべり台の設置スペースより，約 2 倍の広さがあれば設置することができます（図 3-6）。

　歩数の比較（図 3-3，3-4）でもわかるように，ＰＣで十分な動きは確保できます。さらに，ビデオ検証により，上下の運動が多い遊具なので，走りまわる外あそびだけではなかなか得られない，上り下りやぶら下がり，くぐる等の運動スキルが自然に身につきます。ＰＣあそびでは，高いところに登った達成

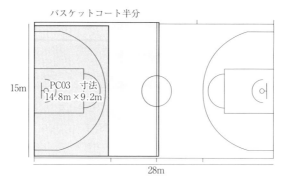

図 3-5　PLAY COMMUNICATION 遊具設置に必要な広さ

〔ジャクエツプレイデザインラボ・早稲田大学（前橋研究室）チーム作成。〕

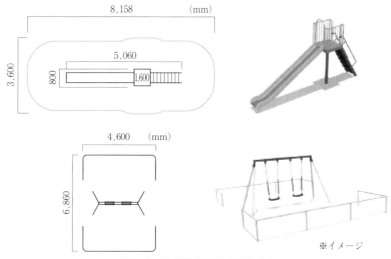

※イメージ

図 3-6　固定遊具設置に必要な広さ

〔ジャクエツプレイデザインラボ・早稲田大学（前橋研究室）チーム作成。〕

感や爽快感から情緒の開放を図ることができるだけでなく，4 つの運動スキル
（移動系，平衡系，操作系，非移動系）をバランスよく経験でき，園庭を走り回る
あそびと同等以上の歩数も確保できることがメリットです。既存のブランコと
すべり台だけでは味わえない経験ができることは，幼児の健全育成を考えるう
えでも重要な視点でしょう。

表3-2　ＰＣあそびで得られる運動スキル

遊具パーツ	身体的側面				社会的側面	知的側面	精神的側面	情緒的側面
	移動系運動スキル	非移動系運動スキル	平衡系運動スキル	操作系運動スキル				
トンネルスライダー	◎		○				○	◎
カラーミキサーパネル				◎		◎		
極太ロープわたり	○		◎		○		◎	
吊り輪うんてい	○	◎			○		◎	
三角きのこわたり	○		◎		○			
スライドパネル				◎		◎		
三角きのこのぼり	○		◎		○			
スリムネット通路	○		◎				○	
スリム丸太通路	◎		○		○		○	
ダブルスライダー	○		◎		○			○
ワイドローラーすべり台	○		◎		○			○
ワイドウエーブすべり台	○		◎		○	○	○	○
砂時計パネル				◎		○		
伝声管					○	◎		
ツタのぼり	○	◎					◎	○
はしごわたり	○		○		○		○	
透明通路					○			
段差パネル	◎				○			
ワイドエスカルゴネット	◎	○			○	○	◎	
ぐるりネット通路	○		◎			◎	○	

〔ジャクエツプレイデザインラボ・早稲田大学（前橋研究室）チーム作成〕

④運動遊具で得られる多様な運動スキル

　ＰＣは，様々なパーツから構成されており，パーツごとに身につけられる運動スキルが異なります（表3-2）。また，1つのパーツだけで遊べば，動きも運動スキルもバランスよく得ることができません。ここで提示した運動スキル表をもとに，パーツを選んで，バランスよく運動スキルを身につけるためのルートを考えてあそび環境を設営すると，ＰＣあそびで動き続けることができるので良いでしょう。

表3-3　設定コースと得られる基本運動スキル

遊具パーツ	身体的側面				社会的側面	知的側面	精神的側面	情緒的側面
	移動系運動スキル	非移動系運動スキル	平衡系運動スキル	操作系運動スキル				
1　ツタのぼり	○	◎					◎	○
2　砂時計パネル				◎		○		
3　はしごわたり	○	◎			◎		○	
4　エスカルゴネット	◎	○			○	○	◎	
5　ワイドウエーブすべり台	○		◎		◎			○

（注）　1から5の順で15分間繰り返し遊ぶ
〔ジャクエツプレイデザインラボ・早稲田大学（前橋研究室）チーム作成。〕

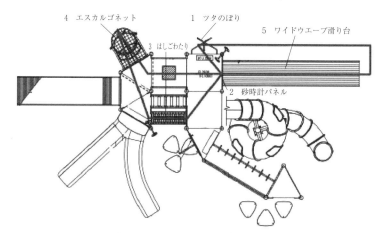

図3-7　サーキットあそびのコース
〔ジャクエツ：PLAY COMMUNICATION PC03〕

〈1月の調査結果〉

　1月の調査時には，ＰＣの中のパーツを選んで巡回するコースを作り，サーキットコースあそびを展開しました。設定したコースは，表3-3，図3-7のとおりです。

　ＰＣでのサーキットあそびの結果をみてみましょう（図3-8）。前半の15分間はＰＣで自由あそびを行い，後半の15分はＰＣでコースを設定し，巡回して遊ぶサーキットあそびを行いました。歩数だけの結果を見ますと，自由あそび

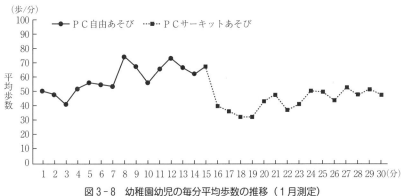

図3-8　幼稚園幼児の毎分平均歩数の推移（1月測定）

〔ジャクエツプレイデザインラボ・早稲田大学（前橋研究室）チーム作成。〕

写真3-23　ＰＣ（プレイコミュニケーション）と子どもたち

　の方が平均歩数は多く確保されました。これは、サーキットあそびは、コース
が指定されているため、順番どおりに遊ばなければなりませんし、苦手なパー
ツでは時間がかかる子もいるため、結果として、歩数が少なくなったことが原
因の一つと考えられました。しかし、運動スキルに注目しますと、サーキット
あそびでは、多様な運動スキルをバランスよく経験することができます。また、

「サーキットあそび」の形式の中で，子どもたち一人ひとりの動作発達のレベルを把握することができますし，子どもたちの動きが止まらないようなコース設定や指導者の言葉かけ等に配慮できれば，成長に必要なスキルが身につく「最高のあそび」になるでしょう。

　遊んでいる子どもたちの様子を何度も見ることによって，子どもたちの成長のためには，外あそびで動き続けること，遊具あそびで多様な運動スキルを身につけることが重要であり，ＰＣはそれらを自然に育むことができる固定遊具であるといえます。

【調査協力】
　学校法人丸山学園　認定こども園 まるやまこども園 丸山幼稚園
　早稲田大学人間科学学術院　子どもの健康福祉学研究室（前橋　明 研究室，大学院
　　生宮本雄司）
【写真提供】
　ジャクエツプレイデザインラボ・早稲田大学（前橋研究室）チーム

（吉田　薫）

（4）公共施設整備の民間活用

　公園を設置する目的は，人々のレクリエーションの空間，良好な都市景観の形成，都市環境の改善，都市の防災性の向上，生物多様性の確保，豊かな地域づくりに資する交流の空間の提供とされています。そして，公園利用者が安全かつ快適に施設を利用でき，それらの役割を常に発揮できるようにしておくことは，公園を設置する国や地方公共団体に求められる責務です。しかし，公園に設置されているトイレやベンチ等の設備，ジャングルジムやブランコ等の遊具は，維持管理を十分に行っていても，時間の経過とともに劣化はまぬがれません。これらの劣化には，物理的劣化や機能的劣化，社会的劣化があります。物理的劣化とは，設備の全体や部分が経年劣化により，当初の性能を維持できなくなっている状態です。機能的劣化とは，時代や社会の変化によって陳腐化することであり，社会的劣化とは，環境や方針の変化により公園からの用途変

更や公園を廃止にすることです。これらの劣化に対して，計画的な修繕計画や
超寿命化対策が施されることにより，良好な公園施設は維持されていきます。

　しかし，近年の日本は，未曾有の少子化，高齢化社会を迎え，社会保障費の
大幅な増加を招いています。さらには，高度経済成長期に建設された道路や公
共施設などは，更新の時期を迎えており，基本的な社会インフラの維持・更新
への大きな費用が必要とされることから，公園の維持管理に対して，今後，十
分な予算が確保されることは難しいのではないでしょうか。このような状況下
において，2003（平成15）年 6 月の地方自治法の改正により，これまで公の施
設の管理は，地方自治体やその外郭団体に限定されていたものが，株式会社や
NPO 法人などの民間事業者が参入できるようになりました。これを指定管理
者制度といい，施設の管理について創意工夫のある企画や利用者の多様なニー
ズに応え，民間のノウハウを活用し，質の高いサービスの提供，さらには，効
率的な運営などにより，経費の削減が期待されています。2022（令和 4 ）年度
に公表された総務省の調査によると，都道府県が所管する公の施設の指定管理
者制度導入率は，59.5%（2022（令和 3 ）年 4 月 1 日時点）であり，都市公園規
模であれば，指定管理者制度が導入されている事例がみられます。

　さらに，2017（平成29）年には，老朽化する都市公園の質を大幅に向上させ，
公園利用者の利便性を図ることを期待し，都市公園法が改正されました。これ
により，公募設置管理制度（Park-PFI）が設置され，飲食店，売店などの公園
利用者の利便の向上に資する公園施設の設置と当該施設から生ずる収益を活用
して，その周辺の園路，広場などの整備，改修などを一体的に行う事業者を公
募できるようになっており，全国的にも本制度の活用が進んでいます。

　例えば，大阪府高槻市の安満遺跡公園では，公園内にカフェやレストラン，
市民活動拠点となる室内交流スペースが設置され，屋外には，広大な天然芝の
広場や人工芝の広場，屋根付き広場，さらには農業用水を利用した水あそびや
自然体験のできる場所も作られました。また，有料施設ですが，表現あそびや
自然あそび等，屋内外で発達に合わせたあそびを見つけて自由に楽しめる場所
も設置されています。他に，東京都新宿区の新宿中央公園では，広大な芝生広
場やカフェ，ヨガスタジオ，アウトドアフィットネスクラブ等が新設され，

「ちびっこ広場」では，主要遊具周囲のゴムチップ舗装化や歩行者と遊具エリア利用者の動線分離，手洗い場の増設工事が行われるとともに，乳幼児用のあそび場の新設やインクルーシブ遊具の設置，大型すべり台の再整備などが行われます。これらのことからも，公の施設の建設，維持管理，運営などに民間の資金や経営能力および技術力の活用が推進されている状況がわかります。

　つまり，子どもの健全な成長のための外あそびを推進する者が目指す都市公園の環境づくりは，様々な関係者と連携し，指定管理者制度や Park-PFI の枠組みに参画することによって，子どもたちに，安全でかつ健全なあそびや運動の場面を提供できる公園整備を実現させられる可能性が高まっていると考えられます。

（竹田昌平）

第2節　公園遊具と安全性，遊具の定期点検

　保育園や幼稚園の園庭遊具や公園内の運動遊具は，子どもたちの成長・発達を促進する重要な遊具であり，施設というわけです。そのため，安全性への配慮は，運動遊具には不可欠です。まずは，設置に先立ち，子どもたちの動きの流れ・導線や遊具の配置を周到に行い，子どもたちが出合い頭にぶつかったり，運動の流れが極度につまったりしないよう，安全，かつ，スムーズに，遊具を使った楽しい外あそびが展開できるようにしておくことが大切です。また，遊具の安全のためには，活動に必要とされる空間を確保すること（安全区域の確保）が極めて重要なことです。

　安全区域とは，子どもが遊具から落下したり，飛び出したりした場合に，到達すると想定される範囲です。この空間内には，遊具本体を除き，照明灯やマンホール，縁石などの施設や，石やガラス等の異物があってはなりません。わくわくする遊具のもつ予測できる危険「リスク」は，子どもたちの挑戦したい気持ちを掻き立ててくれ，その状況下で，様々なあそびや運動をすることによって，身体能力をより一層高めていきます。ただし，予測できない危険「ハザード」は，なくすことが必要です。

1．ハザード

　ハザードは，遊具の挑戦的要素とは関係のないところで発生する危険のことです。ハザードには，物的ハザードと人的ハザードの2種類があります。物的ハザードとは，遊具の不適切な配置や構造，不十分な維持管理による遊具の不良などに問題がある危険です。人的ハザードとは，遊具使用時に，ふざけて押し合ったり，絡みやすい紐のついた手袋や靴を履いたりする等して，遊具使用の方法に問題がある場合です。これらの危険は，子どもたちのあそびの中では，予測のできない危険であり，遊具の設計者や管理者，保護者などの大人が注意して未然に防ぐ必要があります。

　よって，遊具は，正しい使い方をして，仲良く遊ばせましょう。遊具に不具

合があるときは，安心して遊具を使えるよう，専門業者による点検のほか，指導者による点検を実施してもらいたいものです。遊具を利用していて，不具合や異変を感じた時は，管理者に連絡をすることが大切です。早期発見・早期対応が事故防止に繋がりますので，大人の協力が必要です。ねじが緩んでいたり，異音が生じたりするときは，子どももすみやかに近くにいる大人に伝えるよう，幼少期から指導しておくことが重要です。

　また，立体遊具は，子どもたちが落下しないように，ネットで囲っておくことをおすすめします。さらに，下に敷くマットはウレタン素材を多く使用することで，転倒時のケガによる負担を軽減できるようにしておくことも必要です。

　そして，運動遊具を安全に利用するためには，日頃からのメンテナンスが重要です。日常のメンテナンスの実施，また，「定期点検」をすること，さらには，製品の構造的な部分や，対処の難しい箇所については，専門家に依頼して，修理や改善をしておくことが求められます。つまり，遊具の設置後に日常点検や定期点検を行い，必要によっては修繕が求められますので，専門家（遊具点検士）による遊具のメンテナンス契約を結んでおくことが大切でしょう。

２．リスクと安全管理

　リスクとは，子どもが知っていて挑戦する，また，冒険する際の危険です。例えば，鬼ごっこの時の転倒は，「リスク」と考えることができます。ハザードとは，子どもが「知らない危険」「気づかない危険」のことで，例えば，ブランコをこいでいて，ロープと座面のネジが外れ，落下してケガをすることは，子どもにとっては知らない，また，気づかない危険です。

　リスクとハザードは，指導者の経験や価値観，子どもの発達段階やあそびの経験によって変わっていきます。指導者自身がリスクとハザートの適切な判断が行えるよう，自らの専門性を磨き，ハザートに対し，その場で即時に対応することが求められます。

３．固定遊具を安全に利用するための点検

　固定遊具を安全に利用するためには，日ごろの点検が欠かせません。

表3-4　点検のチェック項目と内容

項　目	内　容
目　視	外観や形状を見て，劣化の状態を検査します。
触　診	素手で触り，劣化の状態や突起，ささくれ等を検査します。
聴　診	遊具を使用し，構造部や駆動部などの異常音やがたつきがないかを検査します。多くは可動部の油切れが原因と予想できますが，ベアリング等の破損・摩耗も考えられるため，注意深く検査します。
揺　れ	全体をゆすり，大きなぐらつきがないか検査します。
打　検	テストハンマーでたたき，表面の劣化・腐食の状況やボトルの緩みがないかを検査します。木製遊具においては，打検時にマイナスドライバーにて突き刺して判断することも必要です。
メジャー	JIS 1級表示製品を使用，摩耗，劣化の状態を検査します。
ノギス	JIS 1級表示製品を使用，摩耗，劣化の状態を検査します。

〔前橋　明（日本幼児体育学会）：幼児体育　理論編，大学教育出版，pp.236-238，2017.〕

（1）日常点検

　日常点検とは，遊具の変形や異常の有無を調べるために，管理者が目視診断，触手診断，聴音診断などにより行う日常的な点検のことです。日常点検を効率的に行えるようにするには，遊具ごとに日常点検表があるとよいです（表3-4）。

（2）定期点検

　定期点検とは，遊具点検士にお願いをして，定期的に点検（劣化点検や規準点検）を行ってもらうことです（表3-5）。劣化診断の例としては，遊具の設置後，長い年月が経過すると，地面に近い箇所で，あるいは，地中で，目に見えない劣化が進んでいく場合があるため，定期点検によって，その劣化の状態を把握していくこと。規準診断の例として，遊具の安全規準は年々改定されており，以前は規準を満たしていた遊具でも，現在の規準には当てはまらない場合があるため，定期点検をして，現在の規準を満たしているかを確認することです。

　不具合のあった遊具については，使用禁止とし，補修が完了すれば開放，補修が不可能なものについては，撤去を基本とします。

表3-5　劣化判断基準

判定の種類

判　定		状　態
○	指摘無し	異常がなく使用できる。
△	重要点点検	現時点では使用できるが，経過観察を要し，不具合が進行した場合は修繕を必要とする。
×	要是正	直ちに修繕を必要とする。

判定基準

種　別	項　目	判　定		基　準
鋼　材	錆（腐食）	○	指摘無し	錆が発生していない。
		△	要重点点検	表面の錆は点錆程度である。
		×	要是正	錆が進行して穴があいている。
				テストハンマーでたたくと錆が剥がれ落ちるか穴があく。
				全体的に錆が発生している。
	摩　耗	○	指摘無し	厚みが設計値の90％以上である。
		△	要重点点検	厚みが設計値の80％以上90％未満である。
		×	要是正	厚みが設計値の80％未満である。
	塗　装（剥離・キズ）	○	指摘無し	塗膜に剥離や浮きや傷が無い。
		△	要重点点検	塗膜に剥離や浮きや傷が有るが，表面の錆は点錆程度である。
				退色や白亜化が進行している。
		×	要是正	塗膜に剥離や浮きや傷が有り，表面積の30％以上に錆が発生している。
木　材	腐　朽	○	指摘無し	テストハンマーでたたくと，高い乾いた音がし，たたいた跡がほとんど付かない。
		△	要重点点検	テストハンマーでたたくと，低く湿った音がし，たたいた跡が残る。
		×	要是正	マイナスドライバー等で貫通しようとすると，ほとんど抵抗なく突き刺さる。
				表面が腐食し，断面積で70％未満である。
ワイヤーロープ	素線切れ	○	指摘無し	素線切れがなく，錆が発生していない。
		△	要重点点検	1よりピッチ内の素線切れが10％未満である。集中素線切れの場合は5％未満である。
		×	要是正	1よりピッチ内の素線切れが10％以上である。集中

				素線切れの場合は5％以上である。
				素線が緩んだり，形くずれ（キンク）している。 著しく錆が発生している。
	径（摩耗）	○	指摘無し	摩耗がない。
		△	要重点点検	径が設計値の90％以上である。
		×	要是正	径が設計値の90％未満である。
樹脂 ロープ	状　態 （摩耗・破断）	○	指摘無し	損傷や摩耗や腐食が無い。
		△	要重点点検	軽度の摩耗で硬化している。
		×	要是正	ストランドが断線している。
				著しい損傷や腐食がある。
チェーン	錆（腐食）	○	指摘無し	錆が発生していない。
		△	要重点点検	表面の錆は点錆程度である。
		×	要是正	テストハンマーでたたくと錆が剥がれ落ちる。
				全体的に錆が発生している。
	径（摩耗）	○	指摘無し	摩耗がない。
		△	要重点点検	径が設計値の70％以上である。
		×	要是正	径が設計値の70％未満である。
基　礎	露　出	○	指摘無し	基礎天からの土かぶりが10cm以上である。
		△	要重点点検	基礎天からの土かぶりが0を超え10cm未満である。
		×	要是正	基礎天が地面から露出している。

総合判定の基準

種　類	使　用	基　準
A判定	可	全ての項目が指摘無し
B判定	可	重要点検が1項目以上あり，要是正項目がない場合
C判定	不可	1項目でも要是正がある場合

〔前橋　明（日本幼児体育学会）：幼児体育　理論編，大学教育出版，pp.236-238，2017.〕

4．固定遊具の点検と結果の対応

　子どもたちのための運動遊具は，定期的に点検・補修をし，適切に管理することにより，事故を未然に防止できます。そのために，管理者は，専門家による遊具の保守点検を，少なくとも年に1回以上は実施してほしいです。保守点検を行った遊具については，点検実施時における状況や点検結果を記録し，適正に保管することが大切です。また，運動遊具の劣化は，設置後の経過年数や

地域の気象条件ならびに遊具の使用状況，部位，構造，管理方法および立地条件などにより，劣化の進行状況が異なることに留意しておきましょう。

　運動遊具を構成する構造部材および消耗部材は，金属類，木質類，プラスチック系，繊維などの様々な材料が用いられていることを理解し，事故に繋がりやすい危険箇所，とくに，過去の実例から危険性があると判断されるポイントについては，重点的に点検を実施することが必要です。

　点検の結果，運動遊具の撤去または補修の必要が生じた場合は，迅速な対応が求められます。

①放置しておくことで，事故につながる恐れがあると判断されるものについては，早急に使用禁止の措置を行うとともに，補修または撤去を行うこと。
②補修の困難なものについては，撤去を行うこと。
③早急に対応する必要がない場合は，点検終了後に補修を実施すること。
④事故に繋がる恐れがなく，当該点検時に補修を実施するよりも適切な時期に補修を実施する方が効果的なものについては，経過観察をすること。

　こうして，準備された公園内の安全な運動遊具であっても，その使い方を誤ると，ケガや事故が起こります。遊具の安全な使い方を知ること，指導しておくことが求められます。安全指導と安全管理の方法は，外あそび推進の指導者だけでなく，保育・教育現場の先生方，体育指導の先生方，広く，子どもたちと関わるすべての大人や指導者たちに，ぜひとも知っておいていただきたいのです。

5．安全に配慮した運動遊具の設計と製品そのものの安全性（安全管理の強化・徹底）

　運動遊具で安全に遊べるように，また，その安全を保てるように，設計段階で安全の基準が設けられています。

（1）安全に配慮した設計

　花や樹木などの環境を生かしつつ，安全エリアを確保することが基本となります。安全マットの設置や段差の注意喚起の塗り分け等，安全に配慮した設計・配置が求められます。

（2）製品そのものの安全性

・突起の少ないボルト類：子どもたちの手やからだにふれる部分には，突起の少ないボルトを使用することが望ましい。
・盗難防止ボルト：ときに，運動遊具のボルトを盗む心無い人が現れることがあるため，特殊工具を必要とするボルトを使い，いたずらから生じる事故を防ぐことも必要。
・指爪防止チェーン：チェーンの隙間に，樹脂カバーを取り付けてカバーチェーンにする。
・鋼材の品質：JIS 規格に定める鋼材を使用。
・木材：耐久性，耐水性が良く，ささくれが起こらないような素材が求められる。
・樹脂：耐候性や衛生面に優れているもの。
・ネット遊具：耐候性や耐摩擦性，耐熱性，衛生面に優れたもの。
・塗装：耐候性や耐水性，防カビ，防藻性に優れ，美観を保つもの。

（前橋　明）

第4章
外あそびの安全管理とケガの手当て

第1節　外あそびにおける安全管理の現状と課題

　外あそびでは，大切な子どもの命を守ることを最優先にしなければなりません。安全に関する活動は，安全指導と安全管理の面から検討する必要があります。外あそび中の事故防止のためには，子どもの心身の状態を踏まえつつ，あそび環境の安全点検に努め，安全対策のために，指導側の共通理解や体制づくりを図るとともに，家庭や地域の関係者の協力の下に，安全指導を展開する必要があります。

　事故を防止するためには，幼児の心身の特徴を理解するとともに，これまでに起きた事故の実態を細かく分析することにより，子どもたちの事故の特徴を知り，子どもたちを取り巻く環境を安全に整える安全管理が必要です。

1．乳幼児の心身の特徴と安全管理

　乳幼児期は，発達上の特性から事故の発生が多く，事故に伴う傷害は，子どもの心身に重大な影響を及ぼしますので，子どもの心身の状態や発育・発達特性，成長に伴う事故の現状について正しく理解し，事故防止のための的確な準備・対応を行わねばなりません。

（1）頭部の占める割合の大きさ

　乳幼児は，頭部の占める割合が大きいため，自分の姿勢を維持するバランスがとりにくいです。子どもの体型は，2歳児で5等身，6歳で6等身ですので，乳幼児は頭部の割合が大きく，重心が高いため，バランスを崩して転倒しやす

いといえます。立ったり，座ったりして，重心を変化させるあそびや線の上を
歩いたり，フープの中に入ったり出たりするあそびがよいでしょう。

（2）視野の狭さ

　幼児は，背が低いので，目の高さが低く，また，視野は狭いです。つまり，
大人に見えているものが，幼児には見えないことが多々あり，事故発生と関係
していきます。前後・左右・上下の空間を認知できるあそび，例えば，フープ
渡り，ケンパ，はしごまたぎ，トンネルくぐり，ジャングルジムあそびがおす
すめです。

（3）自己中心性の強さ

　幼児は，自己中心性が強いです。幼児は，興味があるものに注意が奪われる
と，そのこと以外は目に入らなくなります。例えば，ボールを追いかけて，こ
いでいるブランコの前を横切って通過して，接触・衝突するという事故がある
ので，子どもの行動を見守り，タイミングよく言葉をかけたり，静止させたり
する必要があります。

（4）抽象的な言葉の理解のしにくさ

　抽象的な言葉は理解しにくいため，幼児には具体的にすべきことや注意すべ
きことを伝えます。具体的に，何が危ないのか，何に注意すべきなのかを，わ
かる言葉で伝えることが必要です。

（5）大人の態度や行動のまね

　大人のまねをするので，大人は，自身の行動を正すことが求められます。子
どもは大人の行動をよく見ていて，よく真似をしますので，子どもの手本にな
る態度や行動をとることが重要です。

（6）運動機能の未発達さ

　幼児は，運動機能が未発達です。「バランスがとりにくい」「力の加減が難し

い」「すぐに手が出ない」「瞬時に避けることができない」等，運動機能の未発達の特徴があります。運動機能の発達・促進には，親子のじゃれつきあそびや親子体操，親子すもうがおすすめです。

２．外あそび環境の安全管理の取り組み

　子どもたちがのびのびと行動できるように，指導者は，環境整備をして，十分な安全管理をすることが，事故をなくす第一条件です。安全管理は，対人と対物の管理が求められます。

（1）対人管理

　対人管理は，指導側の協力体制，責任分担の明確化が必要です。事故防止のための組織づくりや，緊急連絡網の作成，施設や設備の安全点検，安全指導に関する指導計画の作成と展開，事故発生時の措置に関する分担などを決め，全スタッフが活動内容を明確に把握しておくこと必要です。

（2）対物管理

　対物管理には，公園や園庭，校庭，砂場，運動遊具（すべり台，ブランコ等），用具（ボールや縄，フープ等）などの整備と点検が必要です。
　園や学校の施設では，安全点検表に基づいた定期点検はもちろん，子どもの目線に立った環境整備と日常点検を実施しなければなりません。
　例として，砂場の安全管理では，
　・定期的に砂を，下方から30cm以上掘り起して点検します。
　・動物により，汚染されることがあるので，使わないときはシートで覆っておきます。
　また，園庭の安全管理面では，
　・動物の糞尿を除いたり，樹木，雑草などを管理したりします。
　・雨上がりの時，固定遊具を拭きます。
　・倉庫や用具入れの戸は，子どもが自由に開閉できないようにします。また，使用するときは，必ず閉めておきます。危険な箇所を発見した場合は，修

　理や使用禁止の措置を迅速かつ適切にとり，事故の未然防止に努めましょう。

　あと一歩で事故になるところだったという「ヒヤリ・ハット」の出来事を記録し，分析して，事故防止対策に活用することがおすすめです。「ヒヤリ・ハット」事例を減少させることは，結果として重大な事故を防止することにつながります。

（前橋　明）

第2節　子どもたちが安全に遊ぶための工夫

　近年の子どもたちをみていますと，戸外での生活経験や外あそびの実践が少なくなり，社会生活の中においても，して良いことと，悪いことの区別もつきにくくなってきています。さらに，親として，子どもに危険なことはさせないようにするために，危険と思われる事柄をむやみに禁止することだけで対応している方も多くなりました。ただ禁止するだけでは，子どもの中に，危険を察知し，判断する力は養われにくくなります。子どもたちに，危険な理由やその問題点を具体的に知らせたり，考えさせたり，また，日頃から危険を回避するからだづくり・運動能力づくりを行って，子どもたちの安全能力を高めていく工夫や指導が求められます。

1．子どもにとっての安全な外あそび場

　子どもの行動は実に多様で，予想外の場所や動きから，大きな事故の発生が予測されます。子どもたちが健康でケガや事故のない生活を送るためには，私たち大人が，子どもの利用する施設や設備の環境整備を十分に行い，毎日の安全点検を怠らないことが基本です。それと同時に，あらゆる場面で発生する事故を予測し，未然に防ぐために，日頃から子どもたちへの指導や配慮も必要です。せっかく安全な環境が整っていても，安全指導が欠けているために事故につながることは問題です。

　そこで，施設設備の安全上の基本のチェックポイントを，外あそびの場をとり上げて紹介します。

（1）園庭や公園の広場

　①地面の排水が良く，滑りにくい状態であること。

　②フェンスや塀の破損がないこと。

　③石・ガラスの破片，その他の危険物がないこと。

　④マンホールや側溝のふたが安全であること。

⑤災害発生時の避難場所や避難経路が確保されていること。

（2）砂場

①適切な湿気や固さで，砂の状態が維持されていること。

②木片やガラス，小石などを除いておくこと。

（3）すべり台

①腐食やさび，破損がないこと。

②着地面に十分なスペースがあり，安全性が確保されていること。

（4）ブランコ

①支柱に，ぐらつきや破損，腐食のないこと。

②前後に柵を作り，他児との接触・衝突事故が起こらないように配慮されていること。

（5）のぼり棒・うんてい・ジャングルジム

①支柱にぐらつきや，支柱とのぼり棒のつなぎ目，設置部分に破損や腐食がないこと，子どもの手や足の入る小さなくぼみや穴のないこと。

②周囲に危険物がなく，基礎コンクリートが露出していないこと。

（6）鉄棒

①支柱がしっかりしていること。

②年齢に応じた高さのものが設置されていること。

③接続部分が腐食・破損していないこと。

　保護者の方々だけでなく，園や学校の先生方，地域の人々，行政などの施設管理者の方々を中心に，大人たちみんなが協力し合って，子どもたちの安全環境を整え，日々点検し，子どもたちのあそびや活動を暖かく見守っていただきたいものです。

2．幼児期の子どもにとって必要な運動の内容や程度

　運動には，からだ動かし〜運動あそび〜大筋肉活動に至るまでの幅広さがあります。それらの運動を使って，子どもたちの健全育成を図ることが，保育や教育として大切です。また，成長期には，一生涯の健康を支えるための体力を養うという運動の役割もあります。よって，体力づくりを持続させるための興味づくりを工夫する必要もでてきます。さらに，子どもたちには，自己の生活の中で，運動を用いた健康の原理を適用できるようにもさせたいものです。つまり，運動が果たす役割は大きいということです。

　そこで，近年の幼児のからだや生活実態と照らし合わせてみて，大切な運動の内容について説明します。今，不足しているのは，逆さ感覚や回転感覚を育てる倒立や回転運動，反射能力やバランスを保ちながら危険を回避する鬼あそびやボール運動，空間認知能力を育てる「這う」・「くぐる」・「まわる」・「登る」等の運動の機会であり，それらの運動の経験の場を積極的に設けてあげたいものです。また，自律神経を鍛え，五感を育み，身体機能を促進する戸外での運動やあそびも，是非とも大切にしてもらいたいと願います。

　成長期に必要な運動とは，運動不足やストレスの解消だけでなく，成長期の子どもにとっては，機敏さや瞬発力，リズム感，巧緻性，柔軟性，平衡性などの体力の向上をねらえる運動が良いでしょう。また，運動能力を高めるためには，幼児期から4つの基本の運動スキルを，バランスよく身につけさせたいと考えます。

　①移動系運動スキル：歩く，走る，這う，跳ぶ，スキップする，泳ぐ等，ある場所から他の場所へ動く技術。
　②平衡系運動スキル：バランスをとる，渡る等，姿勢の安定を保つスキル。
　③操作系運動スキル：投げる，蹴る，打つ，取る等，物に働きかけたり，操ったりする動きの技術。
　④非移動系運動スキル（その場での運動スキル）：その場で，押したり，引いたり，ぶらさがったりする技術。

　どの程度，行ったらよいかにつきましては，安全な架空の緊急事態のある環境下で，「必死に動く」，そして，「心臓や肺臓が，ドキドキ，スースー・ハーハーする」ぐらい，要は「汗をしっかりかくくらい」の運動が，自律神経の働きを高める目安になるため，おすすめです。例として，鬼ごっこや，しっぽ取り競争，ドッジボール等で味わえる運動負荷が求められます。

（前橋　明）

第3節　子どものケガの手当て・対応と安全管理

　子どもは，好奇心に満ちていて，活動的です。夢中になると，危険に気づか
ず，大人が考えないような行動をとります。また，身長に対して頭が大きく，
バランスを崩して転倒しやすいので，顔や頭のケガも多くなります。また，体
温調節機能も未熟で，環境温度の影響も受けやすく，病気に対する抵抗力も弱
いので，すぐに発熱します。

　幼児の外あそび中のケガで多いものは，すり傷や打ち身，鼻出血などです。
子どもは，小さな病気やケガをくり返しながら，病気に対する免疫力を獲得し，
また，ケガをしないために注意して行動することを学びます。子どもたちが運
動中に小さなケガをしても，適切な処置を行うと同時に，子ども自身がケガを
防げるように関わります。また，大きな事故やケガをしないような環境整備に
も努め，事故が起こったときには，観察にもとづく適切な判断と処置ができる
ようになりましょう。

1．安全を考慮した準備と環境設定
（1）子どもの安全や体調の確認

　運動前には，子どもの体調を確認します。一人ひとりの機嫌や元気さ，食欲
の有無を確認します。気になるときは，体温を測定します。次に，運動中に発
現した異常を早期に発見することが大切です。子どもは，よほどひどくないか
ぎり，自分から体調の不調や疲れを訴えてくることはまれです。指導者は，常
に気を配り，声かけをしながら，表情や動きの様子を観察して判断します。

（2）熱中症対策

　幼児の平熱は，大人よりやや高く，また，単位面積あたりの汗腺の数も多い
ので，汗をよくかきます。そのため，肌着は，吸水性や通気性のよいものを着
るようにさせます。また，運動後に汗が冷えると，からだを冷やしますので，
運動時にはタオルとともに肌着の着替えを持参するように指導します。

　幼児は，大人に比べて体内の水分の割合が高いので，汗をかくと，大人より脱水になりやすいという特徴をもっています。炎天下や夏の室内での運動時には，水筒を持参させ，休憩時には必ず水分を摂るよう指導します。室内で運動する場合は，風通しを良くします。温度や湿度が高い場合には，熱中症を予防するために，大人より短い間隔で，休養や水分摂取をすすめます。子どもの年齢によって体力が異なりますので，2～3歳児は，4～6歳児より頻回の休養と水分摂取を促します。

２．応急処置の基本

　運動中にケガをしたり，倒れたりした場合，医師の診療を受けるまでの間に行われる応急手当が適正であれば，生命を救うことができ，疼痛や障害の程度を軽減し，その後の回復や治癒を早めることもできます。子どもの状態の変化は早いので，急激に悪化しやすいですが，回復も早いのです。幼児のケガや急病への的確な判断による応急処置と，医療機関の受診の判断ができることは重要です。

①あわてずに，対処しましょう。

②子どもを観察し，話しかけ，触れてみて，局所だけでなく，全身状態を観察します。

③生命の危険な兆候をとらえます。

　　心臓停止（脈が触れない），呼吸停止（胸やお腹が動かない，または，口のそばに手を当てても暖かい息を感じない），大出血，誤嚥（気管になにかを詰まらせる）のときは，危険をともなうので，救急車を呼ぶと同時に，直ちに救命処置を行います。

④2人以上で対処します。

　　状態の確認や処置の判断，救急車の手配，他の子どもへの対処が必要になります。まわりにいる子どもに，他の指導者を呼んできてもらいます。

⑤子どもを安心させます。

　　子どもは，苦痛や処置に対する恐怖心を抱き，精神状態が不安定になりやすいものです。指導者は，子ども本人にも，まわりの子どもに対しても，

あわてないで，落ち着いた態度で対応し，信頼感を得るようにします。子どもの目線と同じ高さで，わかりやすい優しい言葉で，静かに話しかけ，安心させます。

　　また，ケガをした子どものそばを離れないようにします。子どもは不安な気持ちでいっぱいです。信頼できる大人がそばにいることで，子どもの不安を最小限にします。

⑥医療機関への受診が必要な場合は，必ず保護者に連絡します。

3．応急処置の実際

　応急処置は，子どもの命を救い，精神状態の悪化を防ぎます。正しい知識を得て，いざというときに動けるよう，身につけておきましょう。

（1）頭部打撲

　頭を打ったあとで，顔色が悪い，嘔吐がある，体動が少なく，ボーッとして名前を呼んでも反応がない，明らかな意識障害やけいれんをきたす場合は，すぐに脳神経外科を受診させます。打った直後に症状がなくても，2〜3日後に頭痛や吐き気，嘔吐，けいれん等の症状が現われる場合があるので，しばらくの間は静かに休ませます。また，保護者には，2〜3日は注意深く観察する必要があることを説明します。

（2）外傷

　切り傷やすり傷の場合には，傷口を水道水でよく洗います。汚れや雑菌が傷口に残ると，炎症をおこします。流水で十分洗い流した後に救急絆創膏をはり，傷口からの感染を防ぐようにします。傷が深い場合や釘やガラス等が刺さった場合は，皮膚の中に汚れやサビ，ガラス片などが残り，感染を引き起こすことがあるので，受傷した直後は血液を押し出すようにして洗い流し，清潔なガーゼを当てて止血します。そして，外科受診をすすめます。出血している場合は，傷口を清潔なガーゼかハンカチで押さえて強く圧迫します。出血部位を，心臓より高い位置にすると，止血しやすくなります。

（3）鼻出血

　鼻根部にあるキーゼルバッハ部位（鼻の奥にある網の目のように細い血管が集まっている部位）は，毛細血管が多いため，一度出血した部分は血管が弱くなり，再出血しやすくなります。そのため，ぶつけたときだけでなく，興奮した場合や運動したときに，突然，出血することがあります。座らせて少し前かがみにし，鼻にガーゼを当て，口で息をするように説明して，鼻翼部（鼻の硬い部分のすぐ下）を強く押さえます。血液が口の中に流れ込んできたら，飲み込まずに吐き出させます。血液を飲み込むと，胃にたまって吐き気を誘発するので飲み込まないように説明します。10分くらい押さえ続けてから，止血を確認します。止血していなかったら，再度，圧迫します。脱脂綿のタンポンを詰める場合には，あまり奥まで入れないように気をつけます。ときに，取り出せなくなることがあるので，ガーゼや鼻出血用のタンポンを使うとよいでしょう。子どもには，止血した後は，鼻を強くかまないように，また，脱脂綿を鼻の中まで入れないように説明します。

（4）つき指と捻挫

　つき指や捻挫は，強い外力や急激な運動によって，組織が過伸展し，骨や関節周囲の靭帯や筋肉，腱などが損傷を起こした状態で，中でも，つき指は，手指の腱が断裂した状態であり，足首の捻挫は，足首の骨をつないでいる靭帯の断裂をいいます。

　受傷直後は，"RICE"にそって処置しましょう。

　　R（Rest）　　　：安静にする
　　I（Ice）　　　　：氷や氷囊で冷やす
　　C（Compress）：圧迫固定する
　　E（Elevate）　：損傷部位を挙上する

　つき指は，引っ張ってはいけません。動かさないようにして，流水，または，氷水で冷やしたタオルを3〜4分おきに絞りなおして指を冷やします。痛みがひいてきて，腫れがひどくならないようなら，指に市販の冷湿布をはり，人差し指と薬指といっしょに包帯で巻いて固定します。その日は，指を安静に保ち

ます。腫れが強くなったり，強い痛みが続いたりしたときは，病院を受診します。指は軽く曲げたままで，指のカーブにそって，ガーゼやハンカチをたたんだものを当てて固定します。

　足関節の痛みの場合は，座らせて，足先を挙げ，支えて固定して受診します。損傷部への血流を減らし，氷水やアイスパックで冷やすことにより，内出血を抑え，腫脹や疼痛を軽減させることができます。損傷した部位の関節を中心に包帯を巻いて固定し，挙上して様子を見ます。腫れがひどくなる場合や，痛みが強く，持続する場合には，骨折の可能性もあるので，整形外科を受診するようにすすめます。

（5）脱臼

　脱臼は，関節が異常な方向へねじれる強い外力を受け，骨が異常な位置に転移した状態であり，強い痛みを伴います。子どもでは，肘，手首，肩の関節で起こりやすいです。脱臼した骨を関節に戻そうとしてはいけません。関節のまわりの靭帯や血管，神経を損傷してしまうことがあります。まわりが危険でなければ，できるだけその場で，脱臼した部位を身体に固定して，動かないようにします。固定する位置は，本人が一番痛くない位置で固定します。上肢の関節（肘や肩）の痛みを訴える場合は，本人が一番痛くない角度で，腕をからだの前にもってきます。腕と胸の間に三角巾をおき，腕と胸の間にタオル等のやわらかいものをはさんで，三角巾で腕とタオルをつります。さらに，腕と三角巾のまわりを幅の広い包帯または三角巾で巻いて，腕をからだに固定したまま病院に連れて行きます。

（6）骨折

　骨折は，外力によって，骨の連続性をたたれた状態です。完全な骨折と，たわんだり，ひびが入ったりしただけの不全骨折とがあり，不全骨折の場合は，レントゲンをとってもわからない場合があります。

　子どもの骨は発育途上にあるので，まだ十分にカルシウムが沈着していないため，大人のように硬くなっていません。そのため，子どもの場合は，不全骨

折が多くなります。子どもの骨折は，修復するのが早く，不全骨折でも元通り
に治癒する場合もあります。しかし，骨折部位がずれたり，ゆがんだりしたま
ま修復した場合，変形や機能障害を起こすことがあります。痛みが強いときや，
腫れや内出血が強い場合は，病院に行って，骨折であるかどうかを，診断して
もらうことが必要です。

　骨折を疑うような強い痛みを訴えるときは，骨折部を動かさないようにしま
す。骨折部を動かすと，血管や神経を損傷するので，そのままの形で固定しま
す。出血と腫れを最小限にするために，骨折した部位は下に下げないで，挙上
します。

　上肢の骨折が疑われる場合は，脱臼時と同様に，腕を上半身に固定します。
下肢の場合は，足をまっすぐに伸ばし，健足（障害を受けていない側の足）を添
え木として患足を固定します。両足の間にタオルや衣類などをはさんで，三角
巾で，①足首，②足の甲，③ひざの上，④ひざの下を縛って固定します。腫れ
ている部分は，しばらないようにします。結び目は，健足の上になるようにし
てしっかり結びます。足の下に座布団をおいて患足を挙上し，病院に運びます。

（前橋　明）

問題Ⅰ　次の文章の（問1　　　　　）〜（問5　　　　　）の空欄に，Ⅰ：語群より，最も適切な語句を選び，その番号を記入しなさい。

　外あそびを通して，友だち（人）とのかかわりの中で，成功と失敗を繰り返し，その体験が（問1　　　　　）の中でフィードバックされていくと，（問1　　　　　）の活動水準がより高まって，おもいやりの心や将来展望のもてる（問2　　　　）が育っていきます。また，ワクワクして熱中するあそびの中で，子どもたちはエネルギーをしっかり発散させて，情緒も安定し，さらに時間の流れや空間の（問3　　　　　）をも発達させていきますが，あそびの時間や空間，（問4　　　　）という三つの「間」が保障されないと，小学校の高学年になっても，興奮と抑制のコントロールのできない幼稚型の大脳のままの状態でいることになります。子どもたちと相撲や取っ組み合いのあそびをしてみると，目を輝かせて何度も何度も向かってきます。そうやって遊び込んだときの子どもは，興奮と抑制をうまい具合に体験して，大脳の（問5　　　　　）を育てているのです。

Ⅰ：語群
①認知能力　②身体認識力　③前頭葉　④後頭葉　⑤人間らしさ
⑥子どもらしさ　⑦仲間　⑧食間　⑨大脳　⑩生活

問題Ⅱ　次の文章の（問6　　　　　）〜（問10　　　　　）の空欄に，Ⅱ：語群より，最も適切な語句を選び，その番号を記入しなさい。

　「戸外での安全な外あそびの中で，必死に動こうとする架空の（問6　　　　）が，子どもたちの（問7　　　　）を高め，大脳の働きを良くすること」「外あそびの中では，（問8　　　　）だけでなく，（問9　　　　）も，

大脳の前頭葉の発達には重要であること」「子どもたちには，日中にワクワク・ドキドキする（問10　　　）を奨励し，1日1回は，汗をかくくらいのダイナミックな外あそびが必要なこと」を忘れないでください。

Ⅱ：語群
①集団あそび　②失敗体験　③交感神経　④投運動　⑤緊急事態
⑥空間認知　⑦成功体験

問題Ⅲ　近年の子どもたちが抱えさせられている3つの問題を書きなさい。
問11（　　　　　　　　　　　）
問12（　　　　　　　　　　　）
問13（　　　　　　　　　　　）

問題Ⅳ　応急処置をする際に行う4つの処置を英語で何というか。
問14（　　　　　　　，　　　　　　　，　　　　　　　，　　　　　　　）

問題Ⅴ　次の文章の（問15　　　　）～（問16　　　　）の空欄に，適切な語句を記入しなさい。

　（問15　　　　　　　）は，遊具の不適切な配置や構造，不十分な維持管理による遊具の不良などに問題がある危険のことです。（問16　　　　　　）とは，遊具使用時に，ふざけて押し合ったり，絡みやすい紐のついた手袋や靴を履いたりする等して，遊具使用の方法に問題がある場合のことです。これらの危険は，子どもたちのあそびの中では，予測のできない危険であり，遊具の設計者や管理者，保護者などの大人が注意して未然に防ぐ必要があります。

解 答

問題Ⅰ

問1 （ ⑨ ） 大脳

問2 （ ⑤ ） 人間らしさ

問3 （ ① ） 認知能力

問4 （ ⑦ ） 仲間

問5 （ ③ ） 前頭葉

問題Ⅱ

問6 （ ⑤ ） 緊急事態

問7 （ ③ ） 交感神経

問8 （ ⑦ ） 成功体験

問9 （ ② ） 失敗体験

問10 （ ① ） 集団あそび

問題Ⅲ

問11 （ 睡眠リズムの乱れの問題 ）

問12 （ 摂食リズムの乱れの問題 ）

問13 （ 運動不足の問題 ）

問題Ⅳ

問14 （ Rest ， Ice ， Compress ， Elevate ）

問題Ⅴ

問15 （ 物的ハザード ）

問16 （ 人的ハザード ）

第Ⅱ部

実践編
──子どもの健全な育成のための外あそび──

第5章
安全な外あそびのための心得

第1節　指導の基本

　子どもたちは，いろいろな外あそびの中で経験したことを通じて，身体的・社会的・知的・情緒的・精神的発達が期待できますが，外あそびでの学びや活動を支援するために，以下のような指導上のポイントや留意事項が考えられます。

1．外あそびの楽しさを味わわせる環境構成
　子どもたちに，外あそびの楽しさを味わわせることができるようにするためには，適切な環境構成と働きかけが必要です。
　①子どもが外の空気にふれ，思いっきりからだを使って遊び，楽しかったと思えるような活動的な外あそびを体験させます。
　②運動場面には，未知への挑戦や不安，緊張といった様々な情緒が生起します。できるかな，できないかなと思いながら行った時，これまではできなかった運動ができたときの喜びやうれしかった経験は，子どもにとって大きな自信となり，また行ってみようという次への意欲につながります。このような場面に指導者や支援者が遭遇したときは，子どもの努力を認め，大いに賞賛することによって，子どもの自己肯定感は芽ばえていきます。
　③競争心が芽ばえる幼児期後期（5～6歳）には，他の子どもとの競争だけではなく，自己の記録に挑戦させることも大切です。
　④外あそびには，技術的な向上により，今までにできなかったことができたとき，運動の楽しさや喜びを味わうことができます。

⑤子どものあそびは模倣から始まりますが，自分以外の身近なものや人，
キャラクターに変身する等の楽しさも味わわせてあげてください。

2．子どもの心身の発達にとって刺激となるような運動量を確保すること

　近年，子どもの運動不足が懸念されています。あそびが成立するためには，
第Ⅰ部で述べたようにサンマ（「空間」「仲間」「時間」）の３つの要素が必要です
が，これら３つの要素は，集団での保育や教育が行われている園や学校には存
在していますが，地域ではなかなかもてなくなりました。また，現在，最も大
切になってくるのが，心の教育（道徳）にふれて正しく育つことです。あわせ
て，子どもには，屋外での友だちとの活発な運動あそびを通して，心身の発達
にとって刺激となるよう，息をはずませ，汗をかく程度の運動強度と運動量
（歩数）を確保させることが，生理的にも望まれます。

　また，運動技能は，自然に獲得できるのではなく，その運動技能を必要とす
るあそびや身体活動をくり返し行うことによって獲得できるものであり，獲得
した技能が上達するのは身体活動の反復，つまり，何度もくり返すことによる
ものです。子ども時代には，外あそびの中で，この身体活動をくり返し行うこ
とを，練習ではなく，子どもが夢中になって遊び込む中で経験させる環境づく
りが大切です。子どもたちが夢中になって遊び込めるよう，子どもが運動に対
して興味や関心をもち，意欲的に関われるような環境設定を行う必要がありま
す。

第2節　指導上の留意事項

　さて，外あそびの指導者が具体的に注意すべき事項を，以下に列挙してみます。

①十分な空間を確保し，まわりの人や物に当たらないかを確認して，安全に外あそびを始めさせましょう。また，安全についての約束事は，始める前に話し合っておきましょう。なお，子どもの服装が乱れていれば，安全のため，整えてから始めましょう（服装については第5章第4節）。子どものお手本となるように，指導者の服装も整えておきましょう。

②恐がる子どもに対しては，無理にさせるようなことは避け，また，できないことでも，がんばって取り組んでいるときは，励ましの言葉をしっかりかけてあげましょう。

③指導者は，子どもの興味を引く話し方やわかりやすい言葉遣いを大切にしましょう。また，話すときは，子どもの目を見て話すようにしましょう。

④指導者が子どもに動きを見せるときには，わかりやすく，大きく，元気に表現することが大切です。そうすると，子どもには，行ってみようという気持ちがでてくるはずです。しかし，子どもは，大人の悪い癖もまねをします。見本に示す動きは，しっかりした正しい動きが求められます。とくに，しっかり伸ばすところは伸ばし，曲げるところは十分に曲げることが大切です。

⑤笑顔で活動して楽しい雰囲気を作り，子どもたちに「楽しさ」を感じさせることが，大きなポイントです。また，指導者もいっしょになって，心から楽しんで遊ぶことと，あそびのおもしろさや楽しさを共感することが大切です。

⑥大人のからだの大きさや力強さを，子どもたちに感じさせることも大切です。子どもは，大人の力の強さや頼もしさを実感し，一層信頼して関わってきます。しかし，力の加減もしてください。

⑦動きは，簡単で，しかも，しっかりからだを動かせるものが良いですが，

時々，からだを上下させたり，まわしたりして，方向も変えてみましょう。

⑧寒いときは，からだが温まるように，簡単な準備運動を行い，あそびの内容は動きの多いものにしましょう。

⑨外あそびでの運動課題は，単純なものから複雑なものへ，少しずつ難易度を増すように配慮してもらいたいですが，時に，課題を難しくして，適度な緊張感をもたせることは，動きに対して集中させたり，新鮮さをもたせたりする点で重要です。

⑩子どもの工夫した動きや体力づくりにつながるような良い動きを見つけた場合には，その動きをしっかり誉めて，子どもに自己肯定感を与えましょう。

⑪どうしたら，上手にできるかというアドバイスを与えることも重要ですが，時間を与え，子どもたち自身に段階的に解決策を考えさせることも大切です。

⑫子どもがわからないところは，具体的に子どものからだを動かしたり，触ったりして教えると，動きが理解しやすいでしよう。

⑬一生懸命にしようとしている子どもに対して，しっかりと対応することが大切です。上手にできている場合やがんばっている場合，工夫している場合は，しっかりと具体的に誉めていきます。そうすると，子どもはやる気をもったり，誉められたことで自信につながったりします。

⑭身近にある道具や廃材を利用しても，楽しい外あそびに役立つことを，子どもたちに見せたり，知らせたりすることが大切です。

⑮使用する用具や遊具は，大切に扱うこと，使った後は元の場所に片づけることを，子どもたちに伝えましょう。みんなで使う用具や遊具は，ルールを守って，適切に使用することが求められます。

第3節　外あそびの指導者に期待すること

　子どもたちが健康を維持しながら，心身ともに健全な生活を送っていくように
するためには，まず，指導者自らが自己の生活を見直し，適度な運動を生活
の中に取り入れ，からだをしっかり動かして汗をかいて楽しむ機会をもつこと
が大切です。そして，子どもの体温リズムを理解したうえで，子どもたちに日
中の外あそびの実践を奨励し，充実させて下さい。

　そして，手軽にできる運動あそびを，子どもたちといっしょに，実際に行っ
て汗をかいてもらいたいのです。また，子どもが遊びたくなる園庭や校庭，公
園づくりを工夫したり，テレビやビデオ視聴に勝る運動あそびの魅力や楽しさ
を感動体験として味わわせたり，機会があれば，親と子がふれあうことのでき
る簡単な体操を紹介して，家庭での実践につなげて下さい。

　そのためにも，日頃から運動指導に関する研修会に積極的に参加され，指導
者としての研讃を積んでいただきたいと願います。要は，子どもの健全育成を
図っていくためには，指導者層に「運動や栄養，休養」の必要性や，規則正し
い生活リズムづくりの重要性のわかる人が，一人でも多く増えていくことが必
要なのです。

第4節　子どもたちが外で安全に遊ぶための工夫

　公園や園庭，校庭など，外で安全に楽しく遊ぶための工夫や約束事をお伝えしたいと思います。

1．公園や園庭で安全に遊んだり，運動したりするための約束事
　安全に遊ぶためには，子どもとの約束事はとても重要です。具体的に示します（図5-1）。
　①靴は脱げないように，しっかり履きましょう。
　②上着の前を開けっ放しにしないようにしましょう。
　③かばんや水筒は置いて遊びましょう。
　④マフラーはとって遊びましょう。
　⑤ひも付き手袋はとりましょう。フード付きの上着は，できるだけ脱いで遊びましょう。
　⑥遊具の上から，物は投げないようにしましょう。
　⑦指導者の許可なしに，飛び下りはしないようにしましょう。
　⑧遊具にひもを巻きつけて遊ばないようにしましょう。
　⑨濡れた遊具で，遊ばないようにしましょう。
　⑩特に暑い日は，遊具も熱くなっていることがあるので，触って熱いと感じたら遊ばないようにしましょう。
　⑪壊れた遊具では，遊ばないようにしましょう。壊れていることを，必ず大人に知らせましょう。

2．子どもたちが安全に遊べるための工夫
　現在の子どもたちの外あそびの頻度やあそび場所について，どうすれば，子どもたちが安全に外で元気に遊ぶことができるのかを紹介します。子どもたちが外で安全に遊べるための工夫を，それぞれの立場から5つに分けてまとめてみます（図5-1）。

子どもたちが戸外で安全に遊べるための工夫

保護者の配慮
☆子どもたちのあそび場を見守る
☆防犯と被害対策の教育をする
☆子どもの居場所を把握しておく
☆日頃から近所づきあいをする
☆休日は子どもと遊ぶ
☆子どもとの間で安全上のルールをつくる

子どもたちの心得
いってきます」「ただいま」のあいさつをする
☆行き場所を伝えてから遊びに行く
☆危険な場所を知っておく
☆一人で遊ばない
☆明るい場所で遊ぶ
☆人通りの多いところで遊ぶ
☆家族との約束事を守る

学校の配慮
☆安全マップをつくり、危険か所を子どもに教える
☆校庭を開放する
☆校庭の遊具を充実させる
☆地域や保護者と情報を交換する
☆仲間を思いやれる子を育てるために、道徳教育を充実させる
☆幼児と児童、生徒が関わり、互いを知る機会を作る

地域の方々の配慮
☆買い物や散歩時などに、子どものあそび場に目を向ける
☆110番の家を把握し、その存在を広める
☆子どもたちとのあそびのイベントを企画し、交流する
　→困ったときに手をさしのべられる関係づくりをしておく

行政の配慮
☆子どもが遊べる公園は、交番や消防署など安全監視者の勤務地や大人の目が届く場所の近くに設置する
☆注意を呼びかけるポスターを作る
☆非常ベルや防犯カメラを公園や遊園地などの子どものあそび場の一角に設置し、安全を見守り、緊急保護をしやすくする
☆不審者の育たない国をつくる（教育に力を入れる）

地域の方との交流や大人の見守りにより、子どもたちに安全なあそび場を提供していくことで、子どもたちが元気に遊ぶことができる

図5-1　子どもたちが安全に遊べるための工夫

〔前橋　明：幼児体育理論，日本幼児体育学会，大学教育出版，pp.195-196，2017.〕

（1）保護者の配慮として

①子どもたちのあそび場を見守る。

②防犯と被害対策の教育をする。

③子どもの居場所を把握しておく。

④日頃から近所づきあいをする。

⑤休日は子どもといっしょにからだを動かして遊ぶ。

⑥子どもとの間で安全上のルールをつくる。

（2）子どもたちの心得として

①「いってきます」「ただいま」のあいさつをする。

②行き場所・帰宅する時刻を伝えてから，あそびに行く。

③危険な場所を知っておく。

④一人で遊ばない。

⑤明るい場所で遊ぶ。

⑥人通りの多い所で遊ぶ。

⑦家族との約束事を守る。

⑧帰宅後，すぐに手洗い，うがい（消毒）を行う。

（3）園や学校の配慮として

①安全マップを作り，危険か所を子どもに教える。

②園庭や校庭を開放する。

③園庭や校庭の運動遊具を充実させ，運動遊具の安全点検を毎日行う。

④地域や保護者と情報を交換する。

⑤仲間を思いやれる子を育てるために，道徳教育を充実させる。

⑥幼児と児童，生徒が関わり，互いを知る機会を作る。

（4）地域の方々の配慮として

①買い物や散歩時などに，子どものあそび場に目を向ける。

②子ども110番の家を把握し，その存在を広める。

③子どもたちとのあそびのイベントを企画し，交流する（困ったときに手を差しのべられる関係づくりをしておく）。

④未来を担う子どもたちを社会全体で育てるという意識を，地域で育む。

（5）行政の配慮として

①子どもたちが遊べる公園は，交番や消防署など，安全管理者の勤務地や大人の目が届く場所の近くに設置する。

②注意を呼びかけるポスターを作る。

③非常ベルや防犯カメラを公園や広場などの子どものあそび場の一角に設置し，安全を見守り，緊急保護をしやすくする。

④不審者の育たない国をつくる（教育に力を入れる）。

⑤公園の固定遊具の点検を定期的に行い，経年劣化した遊具は撤去し，新し

　いものを設置する（砂場の砂の入替え等を含む）。

⑥公園内の樹木の剪定・トイレの清掃を定期的に行う。

⑦子ども安全を見守りながら，外あそびに引き込む人材を十分に配置する。

　保護者と子どもとの間で，外で遊ぶときのルールを決め，子どもたちが被害にあわないように予防策を話し合うことや，地域の方々との交流や大人の見守りにより，子どもたちに安全な遊び場を提供していくことで，子どもたちが元気に外で遊ぶことができるようにしていきましょう。

　また，子どもの命を守ることは保育・教育の第一条件ですが，管理的な側面が強すぎて，子どもたちの行動を規制しすぎたり，過保護になったりしないような安全管理を行うとともに，安全指導が必要です。子どもたちが，自分自身で自分の命を守る力を育てていくことも大切です。

第5節　あそびや運動のつまずきと子どもへの対応

　子ども時代に運動面で悩んだことのある対象者の体験をもとに，指導者がとるべき方法や対応策を考えてみたいと思います。対象者の経験の一端を，紹介します。

1．対象者の体験談

― 体験談1：Hさん――自転車に乗れない ―

　私は，なかなか自転車に乗れない子でした。幼稚園にいても，友だちが自転車にスイスイと乗る様子をいつも横目で見ていることが多かったです。「乗れない」ことがネックになって，「自分も自転車に乗りたい」という意欲もだんだん消えていったと思います。一度，そうなってしまうと，乗りたいけど代わってほしいと言えず，言えないから乗らない，乗らないから上達しない……こんな悪循環になってしまい，それから抜けられなくなって，つまずきになってしまいました。そんな私を見かねてか，母親は，毎日，自転車の練習につきあってくれるようになりました。自転車からコマをはずし，後ろから支えてくれながら，励ましの言葉を忘れずにかけてくれたのです。その一言一言は，本当に励みになっていたと思います。それから，しばらくして，自転車に乗れなかったつまずきは克服され，友だちの前でも堂々とできるようになりました。親の励ましがあったからこそだと思いました。

　つまずいた子どもには，そのときの環境が克服の鍵だと思います。そのつまずきを見て，逃さず，やる気がもてるような言葉かけをするか，しないか，とでは，大変な違いがあります。

― 体験談2：Nさん――水が恐い ―

　私のように，水の中に無理やり頭を押しつけられると，水やプールがとても恐くなり，恐怖というものへの気持ちが一層広がっていきます。運動というものは，やはり自分自身が楽しんで行うことが一番だと思うので，そのためにも，幼児期から故意にさせるのではなく，自然にしたいなと興味をもって運動あそびを楽しむ環境を作って

あげることができたらいいなと思いました。そうすれば，幼児は，自分で楽しいと思い，興味をもったものには一生懸命にがんばって取り組むと思います。そんな気持ちを大切にし，あたたかく見守り，つまずいてしまった子には，励ますようにしていくべきだと考えます。

── 体験談３：Ｆさん──跳び箱が跳べない ──

　跳び箱が跳べなくて悔しい思いをしたことがありました。そのとき，私と同じように跳べない子が数人いたのですが，先生の対応といえば，跳べない私たちのことよりも，多数の跳べる子どもたちばかりの方についていたということです。そのときの思い出は，とても悔しくて，１日もはやく跳べるようになりたいと思っていました。
　だから，家に帰って，父に跳び箱になってもらい，練習したことを覚えています。

　先生には，もう少し，跳べないでいる子どもに対しての対応を考えてもらいたいものです。子どもたちに運動の楽しさを知らせていき，運動に楽しんで取り組めるような環境を，指導者は作っていかねばならないと思います。

── 体験談４：Ｓさん──鉄棒の逆上がりができない ──

　鉄棒の逆上がりや跳び箱ができなくて，何度もくり返し練習しました。できるまで練習につきあって励ましてくれた先生と，できないまま次の課題へと進めてしまう先生がいましたが，克服できないままだったものは，いまだに苦手だし，嫌いな運動になっています。

２．指導者がとるべき方法や対応策

　子どもの気持ちを無視して，無理なことをさせて，上手でないのにみんなが集中して見るような場面を作らない，子どもがまわりの目を気にせずに楽しく活動できる環境づくりが大切です。
　子ども一人ひとりの発達や個性を把握し，過保護にあそびの禁止をせず，挑戦できる環境づくりと十分な見守りも必要です。特にその場を乱す子ども（やんちゃ）に対しては，見守っているが，行動に激しさが増してくれば，即座に対応しましょう。その場合は，その行動を指摘するのではなく，その裏にあ

る気持ちをくみ取っていくことが大切です。

　もし，子どもが思うようにできなくても，次への挑戦意欲を損なわないよう，皆で励ますことのできる雰囲気づくりと環境設定が大切で，運動が好きになれるような関わり方が必要とされます。それには，日頃より，運動することやからだを動かすことの楽しさ，大切さを第一に知らせることが必要です。また，できない子どもには，少しでも長く接し，自信がもてるように励まし，成功したときにはいっしょに喜び合うことが大切です。具体的には，現段階でその子ができるとされる課題より一段階やさしい課題を与え，それをこなすことができたときに十分に誉め，子どもに，「できた」という達成感を味わわせましょう。

　運動の苦手な子どもであっても，その子の長所を見つけ，その良い点を他児に紹介することで，自信をつけさせます。このような体験や思いを見てみますと，子どもたちは，ほんのちょっとしたことでも，悩んだり，傷ついたりしてしまうもので，悩んでいる子どもの気持ちに指導者が気づかないと，つまずいてしまった子どもは，ずっと，そのときの嫌な気持ちのままでいることが多いことがわかります。子どもの方が，自分で良い方向に転換できればよいのですが，幼少年では，まだ自分自身で気持ちや姿勢の転換を図ることは難しいです。

　したがって，まわりの大人の理解と援助が大切といえます。まず，子どもが，こなせなくても，一生懸命にがんばっていたら，そのことを誉めてあげたり，励ましたりして，気持ちをプラス方向へもっていくことが重要といえます。できないときも，できないことが悪いのではないことと，恥ずかしがらずに何回も練習をくり返すことの大切さを指導していけばよいといえます。そうしていくうちに，たとえできなくても，がんばってするだけで，何かをやり遂げたという満足感が得られたと感じられるようになるでしょう。

　とにかく，子ども時代，とくに幼児期は，自由に飛んだり跳ねたりできるようになる頃ですが，まだまだ思うようにからだを動かせないことが多いです。したがって，このような時期には，運動を上手にすることよりも，からだを動かすこと自体が楽しいと思えるように育てることが大切です。この時期に，運動に対する苦手意識をもたせることは，子どもたちのこれからの運動に対する

取り組みを消極的なものにしてしまいかねません。

　また，指導者は，子どもたちといっしょにからだを動かすことが必要です。運動を得意ではない子どもであっても，からだを動かして汗をかくことは好きなので，からだを動かしていろいろな楽しみを経験させてあげたいものです。それも，指導者側は，子どもといっしょに動いて同じ汗を流すことが大切で，指導者の資質としては，子どもといっしょにできることを，どれだけ身につけているかが問われるのです。また，子どもたちがあそびに飽きてきたり，停滞している様子が見られた際は，用具を追加したり，ルールを変えて遊び方を工夫したりする等，指導者側からの働きかけも重要です。子どもたちが遊ぶ様子をよく観察し，あそびが一層促進されるよう，働きかけていきましょう。

　要は，つまずきへの対策として，できるだけ子どもの気持ちの理解に努め，勝敗や記録にこだわるのではなく，運動の楽しさを伝えられるような指導のしかたを工夫していくことが必要です。そして，安心できる関係づくりを構築してください。どんなに小さな子どもでも自分なりの気持ちがあります。また，自分の気持ちをすぐに表現できない子どももいます。そのような子どもに寄り添ってよく理解しようとすること，何らかの表現をしようとする瞬間を逃さないことで，子どもは，「この先生は自分のことをわってくれる」と感じてくれます。このような積み重ねで，信頼関係はできてきます。時間がかかるかもしれませんが，注意深く観察をして，ゆっくりと少しずつ子どもの気持ちを知っていけるといいですね。

（前橋　明）

第6章
からだを動かす外あそび

第1節 基本の運動あそび

　まずは，体力づくり運動をしましょう。基本となる運動あそびを紹介します。
　汗をかくくらいの運動が必要です。自発的に，自主的に行動しようとする意欲づくりのためにも，自律神経の働きをよくする運動刺激が必要不可欠です。広いスペースや公園の芝生の上でのびのびとからだを動かしてみましょう。

（1）足伸ばし前屈（柔軟性）

　長座の姿勢で，膝を曲げずに屈伸をします。力を抜いて行います。

　補助する場合，子どもの背を手で軽く押します。

（2）足屈伸（脚筋力）

　手を腰の後ろで握り，足の屈伸をします。足は，肩幅くらい開きます。

　慣れたら，リズミカルに連続して行いましょう。

（3）手押し車（筋力・持久力）

　手押し車になる子は，からだをできるだけまっすぐ保つようにします。手押し車になった子の脚を離すときは，安全上，足をつま先から静かに置きます。

基本の運動あそび

（4）ゆりかご（柔軟性）

うつ伏せ姿勢で足首をもち，できるだけ反るように
します。

胸をはり，顔をできるだけ上げます。

（5）片足でバランス（平衡性）

片足立ちでいろいろなポーズをし，バランスをとり
ます。

（6）腹筋運動（筋力）

両手を頭の後ろで組み，上体をゆっくり起こします。

同じテンポでリズミカルに続けます。

脚が動きすぎるときは，友だちに脚をもってもらい，
脚を固定します。

（7）正座両足とび起き（瞬発力）

正座位の姿勢から，両手を振り上げ，一気に立ち
上がります。

（8）腕立て脚開閉（筋力・リズム感）

①肩の真下に両手を付き，腕立ての体勢になります。

②「開いて」で，両脚を左右に開き，「閉じて」で
　両脚を閉じます。慣れたら，リズミカルに連続し
　て行います。

（9）馬跳び（瞬発力・平衡性）

　下で馬になる子は，自分の足首をつかみます。安全上，あごを引き，頭を内に入れます。跳ぶ子は，馬の子の背に手をつき，開脚で跳び越します。

　馬になる子のいろいろな高さに挑戦してみましょう。

　上達したら，反復して，リズミカルに跳びます。

（10）背負い歩き（筋力・持久力）

　友だちをおんぶして，一定距離を歩きます。慣れたら，坂道の上ぼり・下りをしてみましょう。

　前歩きだけでなく，後ろ歩きや横歩きもしてみましょう。

（11）人力車（筋力・持久力）

　両手で友だちの足首を持ち，進みます。

　人力車を引くときは，人力車になった友だちの能力に合わせて歩くことが大切です。

（12）腕立て腕屈伸（筋力・持久力）

　足を伸ばして腕を立て，腕を屈伸させます。

　閉脚だけでなく，開脚でも練習してみます。

（13）Ｖ字バランス（腹筋力・持久力）

　手を床につけ，からだを支えてＶ字姿勢を保ちます。

　上達したら，手も床から上げて，Ｖ字姿勢を保ちます。

(14) ブリッジ（柔軟性）

①あお向け姿勢から，足と腕をつっぱり，静かに腹を
　持ち上げ，ブリッジをつくります。

②腹を持ち上げた姿勢を，5秒程度保ちます。できな
　いときには，マットを使って後ろ曲げの練習をします。

(15) 手たたき腕ジャンプ（瞬発力）

　腕ジャンプをし，ジャンプ中に手をたたきます。
　慣れたら，リズミカルに連続して行います。

(16) 開いて閉じて閉じて（リズム感・巧緻性）

　足は「開く」「閉じる」「閉じる」の運動を，手は「横（水平に）」「下（体側
に）」「横」の運動を，いっしょにくり返しながら行います。

(17) 片脚屈伸（脚筋力・平衡性）

　片手で足先をつかみ，上げた方の膝が軸足のくるぶ
しに触れるまで軸足を曲げ，その後，直立にもどしま
す。

　何回，くり返してできるか，挑戦してみましょう。

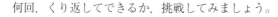

基本の運動あそび

(18) 倒立 （腹筋力・背筋力・持久力）

壁にそって倒立をし，少しの間，静止します。

手の位置は，肩幅くらい開いてつきます。

(19) 足文字 （筋力・持久力）

両足をそろえて，まっすぐ高く上げ，足先で「1，2，3」
「い，ろ，は」「A，B，C」等と，描きます。

膝を曲げないようにして，つま先をそろえて，できるだけ大
きな数字や文字を書くように心がけます。

(20) 前屈わたし （柔軟性）

互いに後ろ向きで立ち，前屈して，股の間から
ボールを手わたしします。

バランスを保ちながら行います。

ボールを見ながら，受けわたすようにします。

(21) 前後屈わたし （柔軟性・巧緻性）

1人は前屈して，股の間からボールを手わたし，
他方は後屈してボールを受け取ります。

逆の方向も行います。ボールを見ながら，受けわ
たすようにします。

（前橋　明）

(22) ぐるぐるじゃんけん（平衡性・スピード，移動系スキル）

　ぐるぐる描いた曲線を両側から走り，出会ったら，じゃんけんをして勝った子どもはそのまま進み，負けた子どもは最初の地点に戻り，スタートします。相手の陣地まで早く進むことができた方が勝ちです。

　いろいろな形の線を描いたり，チームで遊んだり，様々なバリエーションが楽しめます。

陣地

（若林仁子）

128

第2節　身近なものを使ったあそび

　タオルやスーパーのレジ袋など，生活の中でふれる身近な用具や，新聞や
ペットボトル等の廃材を，用具として用いた運動あそびを紹介します。身近な
用具は可塑性にも富み，自由に変化を楽しむことができます。また，子どもに
も取り扱いが容易であり，それらを使った運動あそびは，物の性質を知るとと
もに，知的好奇心や探索欲求を満足させ，表現能力を豊かに育むことにもつな
がります。

　また，廃材を利用して子どもたちといっしょに作った遊具は，あそびへの強
い興味づけとなり，運動あそびの苦手な子どもたちが自然とからだを動かすこ
とにもつながっていきます。

（1）タオル乗せあそび（協応性・平衡性・操作系運動スキル）

①タオルを4等分にたたみ，頭上や背中，胸などに乗せて歩
　きます。

②あそびに慣れたら，走ってみましょう。2人組で手をつな
　いで，協力しながら行ってみます。折り返しのリレーをし
　て，競争を楽しんでみましょう。

（2）タオルとり（筋力・瞬発力・協応性・非移動系運動スキル）

①2チームに分かれ，中央ラインにタオルを置き，両チームは補助ライン上に
　立ち，向かい合います。

②合図で，走ってタオルを取りに行き，補
　助ラインまで引っ張って運びます。多く
　取れたチームの勝ちです。

③タオルの取り合いになったら，綱引きの
　要領で互いが引き合います。時間内に補
　助ラインまで運べなかったら，ジャンケ

ンで勝ち負けを決めましょう。

　初めは，タオルの数を多めに準備して，多くの子が取れるように配慮しましょう。

（3）レジ袋あそび——ナイスキャッチ（協応性・敏捷性・操作系運動スキル）

　レジ袋は，広げたり，たたんだり，膨らませたり，しぼったり等，様々に変化させることにより，あそびのレパートリーが広がります。また，用具や遊具などを組み合わせることにより，さらにあそびが広がります。

①中に空気を入れたレジ袋の持ち手

　部分を片手で持ち，高く投げ上げてキャッチします。

②頭や背中，足などでキャッチします。

③子どもは，腹ばいや上向き，後ろ向き等，様々なポーズで，指導者が高く投げ上げたレジ袋をキャッチします。

④慣れてきたら，遠くから走ってきて，キャッチします。

（4）レジ袋あそび——シッポとり（協応性・瞬発力・敏捷性・操作系運動スキル）

①レジ袋をズボンのうしろ側に差し込みます。

②スタートの合図で互いのシッポ（レジ袋，タオル）を取り合います。取られても，終了の合図があるまであきらめないで取り続けます。

③終了後，取った本数を聞いていきます。一番多く取れた子が優勝です。

（5）レジ袋あそび──蹴ったり・ついたりあそび（協応性・巧緻性・操作系運動
　　スキル）

①中に空気を入れたレジ袋を足で蹴ります。
　慣れてきたら，交互の足で蹴ります。

②手のひらで落とさないようにつき上げます。
　慣れてきたら，左右の手で交互につき上げ
　ます。

③両手や両足を使って，落とさないようにつ
　き上げたり，蹴ったりしてみます。

④慣れてきたら，子ども同士で2人組になって行います。どのグループが長く
　ついていられるかを，競争してみましょう。

（6）新聞ランナー（瞬発力・スピード・移動系運動スキル）

　1枚の新聞紙を胸にあて，手を離してバンザイすると同時
に，新聞紙が落ちないように走ります。

　新聞紙をバトン代わりにして，リレーを楽しむこともでき
ます。

（7）短なわジャンプ（瞬発力・巧緻性・移動系運動スキル）

　膝から腰の高さになわを張ります。はじめは低いところ
から，少しずつ高くして，なわを跳び越えます。片足でま
たぐのではなく，両足をそろえてジャンプするようにしま
しょう。

（8）ティーボールあそび──ボールコレクター（協応性・瞬発力・スピード・操作系運動スキル）

①2チームに分かれます。

②チームの代表が出てジャンケンをし，先攻と後攻を決めます。

③後攻のチームは，全員守備につきます。

④先攻のチームは，打順を決め，一番から順に，バッティングサークルに入り，コーン上のボールを思い切り遠くに打ちます。打ったら，バットを置き，1塁サークルに向かって走り，1塁サークルの中のボールを1個持って，バッティングサークルにもどります。

⑤守備の子は，打たれたボールを捕ります。ボールを捕ったら，そのボールを持って，バッティングサークルに走り込みます。

⑥攻撃チームが早くもどったら，1点が入ります。守備チームが早かったら，攻撃チームの得点は0点です。

⑦攻撃チームのメンバー全員が打ち終えたら，攻守を交代します。攻撃チームとなって，メンバー全員が打ち終えたときの合計得点を競います。

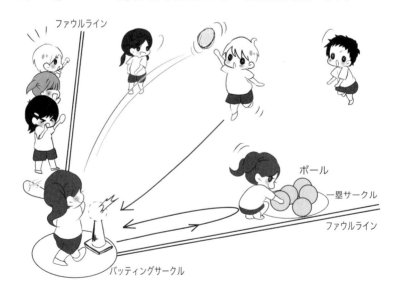

ファウルライン

ボール

一塁サークル

ファウルライン

バッティングサークル

身近なもので

（9）ラケットでボールころがし競争（協応性・操作系運動スキル）

①ライン上にスポンジボールを置き，ラケットを使って（振って），できるだけ
　遠くへころがします。

②一番遠くにころがった場所へカラーコーンを置き，スポンジボールをひろっ
　て帰ります。

③順番に行い，一番遠くにころがった場所にカラーコーンを移動させていき，
　一番遠い子の勝ちとします。前の子より近い場合は，スポンジボールだけを
　ひろって帰ります。

身近なもので

（前橋　明）

（10）なわとび（瞬発力・協応性・持久力・リズム，操作系スキル）

　一人で跳んだり，大人数で大なわとびをしたり，
跳び方もいろいろな方法があるので，なわとびが大
好きな子どもは，自分で目標を決めながら飽きるこ
となく取り組みます。

(11) **ゴム跳び**（瞬発力・協応性・巧緻性・
　　リズム，移動系運動スキル）

　ゴムを跳び越える高さを競ったり，歌
やリズムに合わせて，足をかけたり，跳
んだりしながら遊びます。

(12) **サッカーごっこ**（筋力・巧緻性・持久力，移動
　　系運動スキル・操作系運動スキル／空間認知能力）

　足を使って，ボールを蹴り，ゴールに入れて遊
びます。ゴールは，サッカーゴールの代わりに，
三角コーンやポール等でも代用できます。

(13) **中当て**（瞬発力・協応性・敏捷性・巧緻性，移動系運動スキル・操作系運動スキ
　　ル／空間認知能力）

①正方形の陣地を描き，陣地の中にいる子どもを，陣地の外側の子どもがボー
　ルを投げて当てます。

②最後まで残った子が勝ちとなります。

(14) **転がしドッジ**（瞬発力・協応性・敏捷性・巧緻性，移動系運動スキル・操作系スキル／空間認知能力）

①正方形の陣地を描き，陣地の中にいる子どもを，陣地の外側の子どもがボールを転がしながら当てます。

②最後まで残った子の勝ちとなります。

(15) **ゲートボールごっこ**（瞬発力・巧緻性，操作系運動スキル／空間認知能力）

①2チームに分かれます。

②それぞれ自分のボールを棒（スティック）で打って転がし，3つのゲートを順番にくぐらせます。

③最後にポール（コーン）に当て，合計点数が高いチームが勝ちです。

(16) **キックゴルフ**（筋力・巧緻性，操作系運動スキル／空間認知能力）

①コーンに向かってボールを蹴ります。

②コーンまでの蹴る回数が，少ない方が勝ちです。

(17) **あんたがたどこさ**（平衡性・協応性・巧緻性・柔軟性・リ
　　ズム，平衡系運動スキル・操作系運動スキル，身体認識力）

　『あんたがたどこさ』（わらべうた）の歌に合わせて，ボー
ルをつきます。足を上げるタイミングや最後の決めポーズ等
は，自分で考えると，とても楽しいです。

(18) **ボール運びリレー**（協応性・スピード，移動系運
　　動スキル・操作系運動スキル）

　チームに分かれます。
　2人1組で布を使って，ボールを運びます。
　全員が先にゴールしたチームの勝ちです。

(19) **ボール足はさみリレー**（筋力・瞬発力・協応
　　性・リズム，移動系運動スキル・非移動系スキル）

　チームに分かれます。
　ボールを足に挟み，ピョンピョン跳びながら前
に進みます。
　全員が先にゴールしたチームの勝ちです。

(20) **的あてごっこ**（筋力・協応性・巧
　　緻性，空間認知能力）

　牛乳パックや段ボール等，自分たち
で作った的にボールを当てて遊びます。
　新聞紙で作ったボールでも代用でき
ます。

(21) フルーツバスケット（瞬発力・敏捷性，移動系スキル／空間認知能力）

　フルールバスケットの戸外版です。戸外では，イスを使わずに，マーカーやフープ等を使って遊びます。

　フープの数を変えたり，フルーツの代わりに動物や食べ物の名前にしたり，ルールは子どもたちといっしょに考えると楽しいでしょう。

(22) フープあそび（平衡性・協応性・巧緻性，操作系運動スキル）

　からだをフープの中に入れて回したり，転がしたり，また，なわとびのようにフープをまわして跳びます。

　乳児は，小さなフープで電車ごっこやバスごっこ等も楽しみます。

(23) 砂あそび（どろんこあそび）（協応性・巧緻性，操作系運動スキル）

　砂を触ったり，落としたり，不思議な感覚を味わうことができる砂あそびはとても楽しいあそびです。また，砂を食べものに見立てて遊んだり，全身を大きく動かし，山やトンネルを作ったりして，あそびを発展させながら楽しむことができます。子どもたちは，砂の感触を楽しみ，開放感を味わいながら遊びます。

(24) 伝承あそび（筋力・リズム感）

　「おしくらまんじゅう，押されて泣くな！」と，かけ声をかけ合いながら，押し合って遊びます。

(25) 凧あげ（協応性・巧緻性・持久力・リズム，操作系運動スキル）

　レジ袋や新聞紙などを使って作った凧を手に持ち，どれだけ高くあげることができるか，引いたり，走ったりして，友だちといっしょに試して遊びます。

(26) かくれんぼ（スピード，移動系運動スキル／身体認識力・空間認知能力）

　鬼を一人決めて，鬼に見つからないように隠れます。「もういいかい」「まあだだよ」というフレーズは，小さな子どもも大好きで，くり返して遊びます。

(27) ケンパ（石けり）（かかし）（筋力・平
　　衡性・協応性・巧緻性・リズム，移動
　　系運動スキル，平衡系運動スキル）

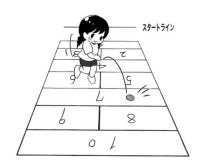

①地面にマス目や円などを描き，そこに
　数字を書き入れます。

②順番に石を投げて，石が落ちたところ
　まで数字順にケンケンで進んでいきま
　す。

(28) じゃんけんあそび（階段じゃんけん）（筋力・平衡性・リズム，移動系運動スキ
　　ル）

①子どもといっしょに「グー」「チョキ」「パー」のそれぞれの言葉を決めます。

　　　例：グー：グミ，グラタン　等

　　　　チョキ：チーズ，ちからもち　等

　　　　　パー：パン，パパイヤ　等

②じゃんけんをして，勝った方がその言葉の数だけ進みます。

③どれだけ進めたか，誰が一番に目的地に着くかを競います。

　　段数が決まっている階段で，ちょうどゴールに着かなければその分を戻る

ルールにすると，楽しい
あそびになります。どの
言葉にするのかを子ども
たちと相談することで，
言葉あそびが展開できま
す。

(29) 缶蹴り（瞬発力・協応性・スピード，移動系運動スキル・操作系運動スキル／空間認知能力・身体認識力）

①鬼以外の子どもが缶を蹴り，鬼が缶を取りに行っている間に隠れます。

②鬼は隠れている子どもを見つけたら，缶のところに行き，「〇〇ちゃん，見っけ」と言って缶を踏みます。

③見つかっていない子どもは，隠れながら缶を蹴り，捕まった子どもを助けます。

(30) こま回し（協応性・巧緻性，操作系運動スキル）

うまく回せるようになったら，手の上にのせたり，こま同士をぶつけ合って遊んだりもします。

(31) 竹馬・缶ぽっくり（筋力・協応性・巧緻性・持久力，移動系運動スキル／平衡系運動スキル／操作系運動スキル）

缶ぽっくりの上に乗り，移動して遊びます。ぽっくりに乗れるようになった子どもは，竹馬へと移行していきます。

（若林仁子）

第3節　親子ふれあいあそび・ふれあいあそび

　親子で遊びましょう。子どもだけでなく，親も運動あそびで体力が向上し，シェイプアップにつながります。また，子どもとのコミュニケーションづくりにも寄与します。

（1）高い高い （平衡性・空間認知能力）

　子どもの両脇を支えて，高くあげます。子どもの大好きなあそびです。喜ぶことで楽しく感じ，また，したいという気持ちを起こさせます。

（2）スーパーマン （平衡性・空間認知能力）

　親は，子どもの胸とももに手を当てて，子どもを持ち上げます。移動しながら，子どもを上下させると，いっそう喜びます。

（3）メリーゴーラウンド （リラクゼーション・平衡性）

　子どもを抱っこして，腰と背中を手で支え，脇で子どもの足をしっかりと挟み，ゆっくり回ります。上下させたり，回る方向を変えたりします。

141

（4）ロボット歩き （平衡性・リズム感）

　親の足の甲の上に，子どもが乗り，親子で手を握っていっしょに動きます。前方や横方向，後ろ方向へと移動します。親が大またで動くと，子どもは大喜び。両足を広げて，股さきだ！

（5）飛行機 （平衡性）

①子どもは，親の足をおなかに当てて，前方に倒れます。

②親はタイミングを合わせて，子どもを持ち上げます。慣れていないときは，子どもの両手を持って行います。

（6）逆さロボット （リズム感・筋力）

①子どもは，逆さになって，親の足の甲の上に，手を乗せます。
②親は，子どもの両足首を持ち，少し引き上げて歩きます。

（7）仲よし立ち座り （巧緻性・リズム感）

①親と子どもは，背中合わせになって腕を組みます。
②腕を離さないで，いっしょにお尻を床につけて座ります。２人が呼吸を合わせて，いっしょに立ち上がります。タイミングよく行うことや互いにからだを押し合うことを，打ち合わせて挑戦しましょう。

親子ふれあい

（8）空中かけっこ（協応性・リズム感）

①親と子どもは，向かい合って長座姿勢になります。

②子どもは右足（または左足）を曲げ，左足（または右足）は伸ばしたままにしておきます。

③親は，子どもが曲げている足の裏に自分の足の裏を合わせて伸ばし，子どもの伸ばした足の裏に自分のもう一方の足を合わせて曲げます。

④互いに足の裏が離れないように近づきながら，このままの状態で空中に足を上げます。

⑤空中でかけっこをするように，足を交互に曲げたり，伸ばしたりします。かけ足のリズムをとるために，「1・2・1・2」と声をかけ合いながら行うと良いでしょう。

（9）しゃがみずもう（平衡性・協応性）

①子どもと親は，向かい合ってしゃがみます。

②しゃがんだ状態で，両手を合わせ，足の位置を動かさないように，互いに押し合いをします。押し倒されたり，押しそこなったりして，手が床についたり，足が動いたりすると，負けです。

（10）足跳びまわり（瞬発力・リズム感）

①親は足を伸ばして座り，子どもは親の足の上を両足で踏み切って跳び越えて一まわりします。

②跳べたら，親は少しずつ足を開いていきます。子どもは，どのくらい遠くまで跳べるかな？または，一つずつ跳び越えても良いでしょう。できたら，後ろ向きの両足跳びやケンケン跳びでも挑戦してみましょう。

(11) 跳び越しくぐり（瞬発力・巧緻性・リズム・スピード）

①足跳びまわりでしたように，子どもは，座っている大人の足の上を跳び越えます。

②親は座っている状態でお尻を浮かせて，子どもは親のお尻の下をくぐり抜けます。子どもがお尻の下をくぐるときに，お尻で通せんぼをしても楽しいでしょう。

③お尻の下だけでなく，いろいろなところをくぐってみましょう。

(12) グーパー跳び（協応性・リズム感）

①子どもは，親の足をまたいで向かい合って立ちます。

②「せーの」の合図で，親は両足を開き，子どもはジャンプして両足を閉じます。この動作を，声をかけ合いながらくり返します。2人の呼吸とリズムの取り方がポイントです。

③上達したら，子どもは，親に背を向けて行ってみます。

(13) 足ふみ競争（スピード・巧緻性）

①2人で向かい合って，両手をつなぎます。

②合図で，子どもは親の足を踏みに行きます。親の足を踏めたら，逆に親が子どもの足を踏みに行く番です。

③今度は，互いの足を踏みに行きます。互いに足を踏まれないように逃げながら，相手の足を踏むようにします。

(14) ジャンケン足踏み（協応性・瞬発力）

①向い合って手をつなぎます。「ジャンケン，
　ポン」で，同時に足を使ってジャンケンを
　します。

〈足ジャンケン〉
　足をそろえて「グー」，足を左右に開いて
　「パー」，足を前後に開いて「チョキ」

②親が勝ったら，手をつないだまま，子どもの足を踏みにいきます。子どもが
　勝ったら，親の足を踏みます。

③負けた方は，足を踏まれないように，ピョンピョン跳びはねながら逃げます。
　手を離さないで，踏まれないように逃げろ，逃げろ！

(15) お尻たたき（協応性・敏捷性・スピード）

①親は，子どもと左手をつなぎ合います。

②子どもは，「よーい，ドン」の合図で，右手で親の
　お尻をたたきに行きます。

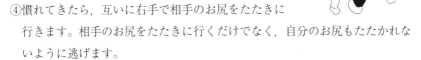

③今度は，子どもが逃げる番です。親は，右手で子ど
　ものお尻をたたきに行きます。

④慣れてきたら，互いに右手で相手のお尻をたたきに

　行きます。相手のお尻をたたきに行くだけでなく，自分のお尻もたたかれな
　いように逃げます。

(16) タオル引き（筋力・協応性）

①寝っころがった親の足に挟んだタオルを
　引っ張って取りましょう。

②次は，子どもが足にタオルを挟んで，親が
　引っ張ります。

親子ふれあい

(17) 丸太たおし（筋力・瞬発力）

①親は，仰向けに寝て，両足を大木がそび
　え立つように，床面と直角に足を上げま
　す。

②子どもは，大木（親の両足）が床につく
　まで倒します。前後左右と，いろいろな
　方向から押したり，引っ張ったりしても良いでしょう。

③慣れてきたら，親は，手をまっすぐからだにつけて，気をつけの姿勢で行い
　ます。

(18) 腕立て握手（筋力・協応性）

①子どもと親は，向き合って腕立ての姿
　勢になります。

②右手を床から離して握手をします。で
　きたら，次は左手で行ってみましょう。

③腕立て握手状態から，引っ張りずもうをします。

④両手を床から離して，ジャンプもしてみましょう。

(19) 手押し車（筋力・リズム感）→出会った友だちと握手（協応性）→でんぐり
　　返り（平衡性・リズム感）

①手を床について，親や友だちに両足を持ってもらって歩きます。

②出会った友だちと握手をして，その
　後，でんぐり返りをします。

(20) **しっぽとり**（協応性・敏捷性・スピード）

①親は，タオルをズボンに挟んでおきます。

②親と子どもは，左手をつなぎ合います。スター
　トの合図で，子どもはタオルを取りに行きます。

③次は，子どもがタオルをつけて，親がタオルを
　取りに行きます。

(21) **輪くぐり**（巧緻性・瞬発力）

　2人組になって，1人はフープを転がし，もう1人
はフープの中をくぐり抜けます。

（前橋　明）

第4節　鬼あそび

鬼あそびには，①1人鬼，②ため鬼，③増やし鬼，④助け鬼という4つの種類があります。鬼あそびを通して状況を判断しながら，走ったり，止まったり，逃げるワクワク感や仲間を助けた達成感などが感じられます。

（1）ヒヨコとネコ（敏捷性・スピード）

①前の子の腰をつかんで縦1列につながり，先頭の子がお母さん鳥，それに続く後ろの子はヒヨコになります。

②ヒヨコをねらうネコが1匹いて，列のいちばん後ろのヒヨコをつかまえに追いかけます。先頭のお母さん鳥は，羽（両手）をいっぱいに広げ，かわいいヒヨコを守ろうとします。

③ネコが，いちばん後ろのヒヨコをつかまえるか，触れるかしたら，今までのネコは先頭のお母さん鳥に，つかまった子は次のネコになって，再びあそびを始めます。

（2）カゴの中のネズミ（敏捷性・瞬発力）

①2人ずつが向かい合って両手をつなぎ，いろいろな場所にかごをつくります。

②ネズミ（子）は，ネコ（鬼）から逃げて，カゴの中に入ります。

③かごをつくっている2人のうち，ネズミと向かい合せにならなかった方が，次のネズミとなり，逃げます。

④ネコにつかまると，ネズミとネコの役が入れかわります。

鬼あそび

（3）つながり鬼（敏捷性・持久力）

①鬼を1人決め，子をタッチします。

②つかまったら，鬼と手をつなぎます。

③つかまるにしたがって鬼の数が増えていきます。鬼たちは，どんどん手をつないで，横に広がって子を追いかけます。

　両端の鬼しか，子どもをつかまえることはできません。

（4）手つなぎ鬼（敏捷性・持久力，移動系運動スキル）

①鬼を1人決め，子をタッチします。

②つかまった子は鬼となり，もとの鬼と手をつないで他の子を追いかけます。

③鬼が4人になったら，2人ずつに分かれて，鬼のグループを増やしていきます。

（5）通りぬけ競争（敏捷性・巧緻性，移動系運動スキル）

①1グループ約10人で，2グループを作ります。

②1グループはスタートラインの手前に立ち，通り抜ける役になります。もう1グループはゴールラインの5メートル程前に立ち，通り抜けを防ぐ鬼の役になります。

③「はじめ」の合図で，スタートラインに立っているグループは一斉にゴールをめがけて走ります。途中でつかまったり，タッチされたら，アウトになります。通り抜けた人数の多いチームの方が勝ちです。

（前橋　明）

（6）増やし鬼（持久力，敏捷性，移動系運動スキル）

　鬼を1人決めます。

　タッチされた子は，鬼になり，鬼がどんどん増えていきます。鬼に捕まらず，最後まで逃げおおせた子が勝ちとなります。

（7）色鬼（瞬発力，敏捷性，移動系運動スキル）

　鬼を1人決めます。

　鬼が言った色に子が触れれば，鬼はタッチできなくなります。鬼にタッチされれば，鬼は交代します。

（8）高鬼（瞬発力，筋力，敏捷性）

　鬼を1人決めます。

　地面より少しでも高いところにいる子には，鬼はタッチできません。捕まる時間を決めたり，場所を決めたりする等して，自分たちでルールを発展させていきましょう。

（9）島鬼（敏捷性，瞬発力，移動系運動スキル）

①鬼を1人決めます。

②子は，地面に描いたいくつかの島を行ったり来たりしながら，鬼から逃げます。

③タッチされた子は，鬼役になります。島の数や場所なども，鬼ごっこを楽しくする要因になります。

（10）ひょうたん鬼（瞬発力，敏捷性，平衡性）

①鬼を1人決めます。

②ひょうたん型に線を引きます。

③鬼は，線の外から子にタッチをします。タッチされた子は，鬼役になります。

④ひょうたんの中で密にならないように，陣地の広さを十分に取り，ひょうたんを描かねばなりません。ただし，鬼がひょうたんの中に手が届く大きさでないと，ハラハラ，ドキドキ感を味わうことができません。

(11) 地蔵鬼（敏捷性，スピード）

①鬼を1人決めます。

②鬼にタッチされたら，子は地蔵になって，動けなくなります。

③他の子が，お供え物をして拝むと，元に戻って動くことができます。

④ある程度の時間を決めて，鬼を交代します。

(12) 電子レンジ鬼（氷鬼）（敏捷性，瞬発力）

①鬼を1人決めます。

②鬼にタッチされたら，子は氷になって止まります。

③子は2人組で手をつないで輪になり，氷になった子どもを輪に通して，「チ
　ン」と言うと，子は溶けて動けるようになります。手をつなぐ代わりに，
　フープや縄などを使っても楽しいでしょう。

④ある程度の時間を決めて，鬼を交代します。

(13) ゾンビ鬼（敏捷性，表現力）

①鬼を1人決めます。

②鬼にタッチされるとゾンビになり，どんどんゾンビが増えていきます。鬼は
　いろいろなゾンビの模倣を楽しみながら，子を追いかけます。

③最後までタッチされず，残った子どもが勝ちです。

(14) くま鬼（クモ鬼）（筋力・持久力）

①鬼を1人決めます。

②鬼は四つ這いになって，熊のまねをしながら，子を追いかけます。タッチし
　たら，鬼役を交代します。

③反対に，仰向けの四つ這いになってクモになり，追いかけたり，逃げたりす
　るクモ鬼にも発展させてみましょう。

(15) バナナ鬼（敏捷性・スピード）

①鬼を1人決めます。

②鬼にタッチされた子どもは，両手を上げてバナナになり，友だちに助けられ
　るのを待ちます。

③友だちに上げた手をおろしてもらい，皮をむいてもらえれば，また逃ること
　ができます。

④ある程度の時間を決めて，鬼を交代します。

（若林仁子）

(16)　3色鬼 （敏捷性・瞬発力・巧緻性）

①赤，青，黄の3色に分かれ，各色の陣地をつくります。陣地には，マットを
　置いたり，線を引いたりすると，わかりやすくなります。

②赤は，鬼として青を追いかけ，青は，鬼として黄を追いかけ，黄は，鬼とし
　て赤を追いかけます。

③鬼にタッチをされると，鬼の陣地に捕らえられますが，自身のチームの仲間
　にタッチしてもらうと，あそびに復活できます。

(17)　ポコペン （敏捷性・巧緻性）

①鬼を1人決めます。

②壁や木の目印に向かって目を瞑っている鬼の背中を，全員で「♪ポコペン
　♪ポコペン　♪だれがつっついた？　♪ポーコペンペン」と歌いながら指で
　突きます。

③鬼は，振り返って最後に突いた子の名前を当てます。

④鬼が最後に突いた子を当てることができたら，最後に突いた子と鬼が入れ替
　わります。最後に突いた子を当てられなかったら，鬼は替わりません。

⑤鬼が10秒数えている間に，他の子は逃げて隠れます。鬼は，隠れている子を
　見つけたら，壁や木の目印に触りながら「○○（名前）見っけ，ポコペ
　ン！」と言います。

⑥鬼が全員を見つけるか，隠れている子が鬼のいない間に，壁や木の目印に
　タッチして「ポコペン！」と叫んだら，あそびは終了です。

（石川基子）

第5節　リズムあそび・親子ダンス

　子どもといっしょに楽しめるふりつけあそびです。動きは簡単で，くり返して楽しめるようにしました。

（1）花のお国の汽車ぽっぽ〈親子〉（スキンシップ・リズム・空間認知能力・模倣力・信頼関係）

　リズムや歌詞に合わせて，汽車の動きを自由に表現してみましょう。動と静の動きがあり，楽しめます。最後の「高い高い」の動きでは，子どもは満足感が得られるでしょう。

＜前奏＞

　親は，子の後ろに立って子の肩を持ち，2人は正面を向いて，4拍リズムをとります。5拍目から，子は両肘を曲げて腰の横でまわし，2人は汽車になって動き出します。

①♪あねもねえきから

　立ち止まり，向かい合って手をつなぎ，右足を前に出してかかとをつけて，戻します。

②♪きしゃぽっぽ

　1人で1回，手を打った後，2人で2回，両手を合わせます。

③♪さくらそうのまち

　左足を前に出して，かかとをつけて，戻します。

④♪はしってく

　②と同じ。

⑤♪ぽっぽっぽっぽっ

　両手をつなぎ，親が軸になって，子を1周まわします。脇の下を支えてまわしてもよいです。

⑥♪ぴいぽっぽっぽっ

正面を向いて手をつなぎ，2人合わせて，両足跳びで前→後ろ

→前→前→前と跳びます。

＜間奏＞

前奏と同じ。

○2番，3番，4番は，1番をくり返します。

○最後のポーズは，親が子の脇を抱えて持ち上げます。

曲名『花のお国の汽車ぽっぽ』　作詞：小林純一　作曲：中田喜直

（2）まるまるダンス（リズム・自己表現力・円の概念の定着）

屈伸運動や跳躍，ストレッチ等，準備運動にも使うことのできる動きを取り入れました。腕や手を使って，様々な丸の形を作る楽しさを味わいます。最後に，2人で自分たちの好きな大きさの丸を2人のからだで作りましょう。

＜前奏＞

2人で手をつないで大きな丸をつくり，膝を軽く曲げてリズムをとります。

①♪にひきのいぬが

つないだ両手の中から顔をのぞかせます。

②♪けんかをしてる

反対側へも顔をのぞかせます。

③♪タローはワンワン

向かい合って，胸の前で2人が両手を合わせ，大きな丸を描くように両腕を1回まわします。

④♪ワンワン

両手を4回合わせます。

⑤♪パピーはバウワウバウワウ

④をくり返します。

⑥♪ワンワン　バウワウ　バウワウ　ワン

両足をそろえて左右交互に軽くジャンプします（4回）。

155

＜間奏＞

前奏と同じ。

○2番・3番・4番は1番をくり返します。

○最後のポーズは，自由に丸を作ります。

曲名『ウワウワン』　作詞：村田さち子　作曲：平尾昌晃

（3）ぽかぽかてくてく（協調性・コミュニケーション能力・リズム感・空間認知能力）

「ぽかぽか」のイメージを大切にしながら，ジャンプをくり返し取り入れました。人数を自由に変えながら，親子から他者へと，少しずつ人の輪を広げていきましょう。

＜前奏＞

4人が手をつないで輪になり，リズムをとります。

① ♪さあ（さあ）

時計まわりに歩いてまわり，4拍目でジャンプします。

② ♪いこう（いこう）

①をくり返します。

③ ♪ぽかぽかおひさまてってる

①の逆をします。時計と反対まわりに歩いて，4拍目でジャンプします。

④ ♪さあ（さあ）

手をつないだまま，真ん中に寄っていき，4拍目でジャンプします。

⑤ ♪いこう（いこう）

もとに戻ってジャンプします。

○2番は，1番をくり返します。

⑥ ♪てくてくどこまでも

腰に手を当て，それぞれがその場で時計まわりに1周します。1歩で90°回転し，4歩でもとに戻ります。両足そろえて跳ん

リズム・親子ダンス

でまわっても良いです。

＜間奏＞

　8人で輪になり，手をつないで縦に振りながら，足踏みをします。

○3番は，8人でくり返します。

＜間奏＞

　みんなで輪になり，手をつないで縦に振りながら，足踏みをします。

○4番は，みんなでくり返します。

○最後のポーズは，手をつないだまま，両手を上にあげます。

曲名『ぽかぽかてくてく』　　作詞：阪田寛夫　作曲：小森昭宏

（4）まっかなおひさま (リズム感・スキンシップ・開放感)

　単純な動きを多いあそびです。手を合わせて円を描くことで，おひさまの暖かさを表現します。抱きしめ合うことによって，互いの情緒の安定を図ります。

＜前奏＞

　2人が手をつないでリズムをとります。

①♪おひさまのぼる

　2人の手のひらを胸の前で合わせて，2人で円を
描くように，胸を大きくまわし，もとに戻ったと
ころで手を2回合わせます。

②♪きらきらのぼる

　①をくり返します。

③♪みんなみんなさめた

　手をつないで，かかとを斜め前につけて戻します（2回）。

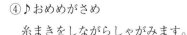

④♪おめめがさめ

　糸まきをしながらしゃがみます。

⑤♪た

　勢いよく立ち上がり，両手を大きく広げます。

⑥♪おひさま　おはよう！

①をくり返します。

⑦♪おひさま　おはよう！

　①をくり返します。

＜間奏＞

　2人は手をつないで，自由に歩きまわります。

○2番は，1番をくり返します。

○3番も，1番をくり返すが，手をつないで，

　スキップしながら自由にまわります。

○最後のポーズは，抱き合います。

曲名『まっかなおひさま』　作詞：武鹿悦子　作曲：小森昭宏

（前橋　明）

（5）バンブーダンス（リズム，調整力）

　竿竹2本の端を，子どもが2人で持ちながら，様々な音楽やリズム（三拍子・四拍子）に合わせて，開いたり閉じたりします。その開いたり閉じたりしている竿竹のリズムに合わせて，跳ぶ子どもは，グーでジャンプしたり，パーでジャンプしたりして楽しみます。みんなで息を合わせてリズムを刻み，遊ぶことがとても楽しいあそびです。

（6）ムギューだいすき（筋力，リズム）

　この曲をかけながら，親子でふれあいあそびをします。

　「♪むぎゅーむぎゅー大好き」の歌のところでは，大好きなお母さんやお父さんにぎゅっと抱きしめてもらいましょう。

　「♪なんだかとってもいい気持ち」と歌詞にあるように，たくさんスキンシップをもつことで，親子でリラックスできる，大人も子どもも，あたたかないい気持ちの時間となるでしょう。

曲名『ムギューだいすき』　作詞：田所陽子　作曲：田山雅充

（7）かけあしポーズ（まねっこごっこ）（リズム，巧緻性）

「かけあしポーズ」のリズムに合わせて，見本の子どものポーズと，同じポーズをとることを繰り返しながら遊びます。早さやリズム，ポーズのバリエーションをかえると，とても楽しく遊べます。

（若林仁子）

（8）きのこ（協応性・巧緻性・平衡性・リズム感）

親子で，きのこが成長していく様子を表現しましょう。また，「きききのこ」「るるるるるるるるるる…」など音韻を楽しみましょう。子どもは親の様子を見て感じています。子どもの運動量を確保したり，創造力や表現力を伸ばしたりするために，親は，明確な上肢下肢の伸展屈曲，姿勢の保持などに留意しながら，リズムを感じて動きましょう。

\<前奏\>

リズムを感じられるように手拍子や足踏みをします。

①♪きききのこ　きききのこ

両腕できのこの形を作り，リズミカルに動かします。

②♪のこのこのこのこ　あるいたりしない

腰の近くに手を添えたまま，自転します。

③♪きききのこ　きききのこ

①をくり返します。

④♪のこのこあるいたりしないけど

②をくり返します。

⑤♪ぎんのあめあめふったらば

両手を広げ，自分の方に向け，パラパラと雨を表現しながら，膝の屈伸をします。

⑥♪せいがのびてく

手を体の前で合わせ，ひざを曲げ，姿勢を低くします。

⑦♪るるるる　るるるる……

からだの下方から頭の上方まで手を合わせたまま，手首をく

リズム・親子ダンス

159

ねくねさせながら，動かします。

⑧♪いきてるいきてるいきてるいきてる

　きのこはいきているんだね

　その手を大きく横へ開いていくと同時に，片

　足ずつ振り上げます。

＜間奏＞

　子どもたちの発達や確保したい運動量にそって，歩きながら手拍子したり，

　ジャンプしたり，移動運動を加えたりして，アレンジします。

○2番・3番は，1番をくり返します。

＜後奏＞

　手拍子，足踏みからのポーズ，「いちにのさん」で大ジャン

　プ等，最後の盛り上がりを作りましょう。

曲名『きのこ』　作詞：まど・みちお　作曲：くらかけ昭二

（藤田倫子）

第6節　運動会あそび

　友だちとふれあいながら，運動会をすることのすばらしさは格別です。みんなと協力して，力いっぱいからだを動かす爽快感を味わいます。ともに楽しみ，喜び，わかち合う一日を，運動会あそびや集団ゲームを行って共有することは，心にも，からだにも，大きな収穫をもたらすことでしょう。

（1）股くぐり競争（巧緻性・柔軟性・移動系運動スキル）

①2人でいっしょに手をつないでスタートします。

②折り返し地点で，子どもが親の股の下をくぐってから，親が子どもをおんぶして戻ります。

（2）チーム対抗しっぽ取り（敏捷性・スピード・移動系運動スキル）

①自分のチームの色のしっぽを腰につけます。

②一定時間内に，他のチームのしっぽをできるだけ多く取ったチームの勝ちです。

③取ったしっぽは，自分のチームの陣地に持ち帰って数えます。

（3）背中合わせリレー（平衡性・巧緻性・リズム・移動系運動スキル）

　2人で背中合わせになり，折り返し地点をまわって戻ってきます。

　　　　　　　　　　　　　　（前橋　明）

（4）でかパン競争 <small>（巧緻性・リズム・移動系運動スキル）</small>

　大人と子ども（子どもと子どもでも良い）が入ることのできるくらい大きなパンツを用意します。パンツにいっしょに入り，歩いたり，走ったり，チームに分かれて競争しても楽しいでしょう。

（5）かけっこ <small>（瞬発力・移動系運動スキル）</small>

　走ることは，運動あそびの基本の一つです。スタートの位置を決め，目標（ゴール）に向かって走るというシンプルなルールは，年齢を問わず，乳児の子どもたちでも楽しむことができます。また，場所に合わせてルールを考えたり，子どもたちの発達に応じて，バリエーションを加えたりしながら，いろいろなあそびに展開していくこともできます。

（若林仁子）

（6）子ふやしリレー <small>（瞬発力・スピード）</small>

①6人を1チームにし，先頭の子が旗をまわって戻ります。

②まわってきたら，次の子と手をつないで2人で旗をまわって戻ります。

③だんだん人数を増やしていき，早く6人がいっしょになって旗をまわって戻ってきたチームの勝ちです。

（7）魔法のじゅうたん（平衡性・スピード感）

①大判バスタオルの上に子どもを乗せます。

②親 2 人が大判バスタオルを引っぱり，子ども

　を運びます。

　リレー形式にするとよいでしょう。

（8）カンガルーの宅配便（ボール運び競技）（筋力・瞬発力・リズム感・移動系運

　　動スキル）

①親がボールを 2 個，子どもはボール

　を 1 個持って，いっしょに折り返し

　地点まで走ります。

②折り返し地点から，親は 2 個のボー

　ルを両わきに抱え，子どもから 1 個

　をもらって両足で挟んで，戻ってき

　ます。

③親がボールを落としたら，親はその

　場で止まり，子どもは，ボールを取

　りに行って，ボールを親に渡して，競争を続けます。

（9）たおして おこして おんぶして（親子障害物競走）（筋力・持久力・リズム感・移動系運動スキル）

①手押し車になった子どもの足を持ち，ペットボトル（ボウリングのピン）の位置まで進みます。

②子どもがペットボトル（ピン）を倒し，親子で手をつないで旗をまわって戻ります。

③帰りは，親がペットボトル（ピン）を立て，子どもをおんぶしてゴールします。

(10) ラッコの波乗りリレー（筋力・巧緻性・協応性・移動系運動スキル）

①４人がラッコになって仰向けで１列になり，頭の上に位置した子の足首をつかみます。

②走者は２人組になって，５〜６組で１チームを作ります。

③２人の走者は，大判バスタオルの端をそれぞれが持ち，連なった４匹のラッコのからだの下を通して折り返しコーンをまわってスタートラインまで戻ってきます。スタートラインで次の２人に大判タオルを渡してリレーをします。

スタートライン

運動会あそび

(11) **サンドイッチボール運びリレー**（巧緻性・リズム感・筋力・バランス・操作系運動スキル）

①2人組で背中合わせになり，ボールを挟んで運びます。

②受け渡しの時は，手を使って，次の子にボールを渡します。

③背中だけでなく，胸と胸，腹と腹，おでことおでこというように，いろいろな身体部位でボールを挟んで競争すると楽しいでしょう。

(12) **聖火リレー**（協応性・巧緻性・操作系運動スキル）

①逆さにしたペットボトル（トーチ）の底面（カッターナイフで切り取っておく）に乗せたボール（聖火）を落とさないように持って，走ってコーンをまわって戻ってきます。

②次の子は，トーチを受け取り，同様にコーンをまわって戻ってきます。

③一番はやく，メンバー全員が戻ってきたチームの勝ちです。

④途中でボールを落としたら，落とした所から，再度，挑戦しましょう。

(13) ボールはさみリレー（筋力・協応性・巧緻性・操作系運動スキル）

①スタートラインの手前に，フラフープを置き，チームごとに2列になって並びます。

②先頭のペアは，手をつなぎ，もう一方の手で，それぞれラケットで作った手型を持ちます。手型は，卓球やバドミントンのラケットに厚紙を貼って作ります。

③「よーい，ドン」の合図で，ペアが協力し，手型を使ってフラフープの中のボールを持ち上げて運び，コーンをまわって戻ってきます。

④スタート地点に戻ってきたら，フラフープの中にボールを置き，次のペアに手型を渡して交代します。

⑤全部のペアが終わるまで，ゲームを続けます。

⑥ボールを落としたら，その場にボールを置いて，手型で拍手を3回してから，再度，スタートして下さい。ペアとなる2人が，協力してボールを運びます。親子で行う場合，子どもには，手型を利き手で持たせてあげましょう。

　手や足など，手型以外がボールに触れると反則になります。手型の代わりにラケットに手の形をした厚紙を貼ると，同じように楽しく競走ができます。

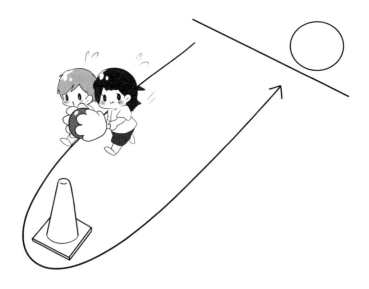

(14) ピーナッツボールころがしリレー（協応性・平衡性・スピード・操作系運動
スキル）

①チームごとに1列で，スタートラインの手前に並びます。

②「よーい，ドン」の合図で，1人がフラフープの中のピーナッツボールを足
で転がして進み，中間地点と折り返し地点のコーンをまわって戻ってきます。

③スタート地点に戻ったら，フラフープの中にピーナッツボールを入れて，次
の子と，手でタッチをして交代します。

④最後の1人が，スタートラインに戻って，フラフープの中にボールを入れる
まで，競技を続けます。ピーナッツボールがなければ，大きさの異なるボー
ルを袋に入れたり，ラグビーボールを使用して楽しんでみましょう。

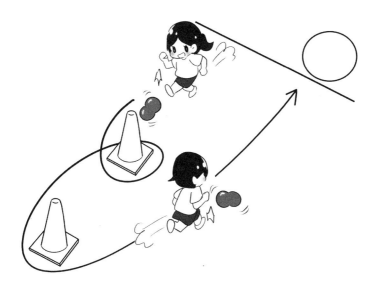

(15) 今日も安全運転リレー （平衡性・リズム感・移動系運動スキル）

①3人1組になって，スタートラインの手前に1列に並びます。前の2人は，目隠し（アイマスク）をし，1番前の子は，フラフープをハンドル代わりに持って運転手になります。列の後ろの2人は，前の子の肩に手を当てて連なります。

②「よーい，ドン」の合図で，目が見える1番後ろの子は大きな声を出しながら誘導して，3人いっしょにコーンをまわって戻ってきます。

③スタート地点に戻ったら，次の3人組にフープを渡して交代します。

④くり返し行い，全員がはやくスタート地点に戻ってきたチームの勝ちとします。

運動会あそび

(16) 足ながチャンピオン（柔軟性・巧緻性・スピード・移動系運動スキル）

①各チーム，スタートラインの手前に1列で並び，横向きになります。

②「よーい，ドン」の合図で，最後尾の子が先頭に移動し，片足をくっつけます。そして，距離をかせぐように，足を大きく開きます。そして，「ハイ」と大きな声で叫びます。

③「ハイ」の声を聞いてから，最後尾の子が走って先頭につき，また，足を開きます。これをくり返します。

④ゴールラインに，一番はやく全員が入ったチームの勝ちです。足をくっつける代わりに，手をつないで伸ばしてもよいでしょう。

からだのどの部分でもくっついた状態で，一番はやくゴールまで進める方法を，チームごとに考えてみましょう。

スタートライン　　　　　　　　　　　　　　　　　　　ゴールライン

運動会あそび

(17) 大わらわの輪 （協応性・巧緻性・瞬発力・移動系操作スキル）

①スタートラインの手前にチームごとに1列に並び，横向きで手をつなぎます。列の最後尾の子がフラフープを持ちます。

②「よーい，ドン」の合図で，最後尾からフラフープを，手を使わないでからだを通して，前に送っていきます。

③フラフープが先頭までくると，フラフープを足もとに落とし，先頭にいる子はつないでいる手を離して，落としたフラフープを持ってコーンをまわって戻ってきます。

④スタートラインを通り越え，チームメイトの最後尾までくると，列に加わって手をつなぎ，再び手を使わずに，後ろからフラフープを前に送っていきます。

⑤全員がコーンをまわって戻ったら，全員でバンザイをします。

スタートライン

運動会あそび

(18) トビウオの波きり（協応性・巧緻性・スピード・操作系運動スキル）

①各チーム，マットの上に1列になって寝転び，トビウオになります。このとき，友だちの足首を持ち，離さないようにします。

②2人が大判バスタオルを持ち，トビウオの下を通していきます。

③コーンをまわって，もう1度トビウオの下に大判バスタオルを通していき，一番はやくゴールしたチームの勝ちです。

運動会あそび

(19) ゴー！ ゴー！ ハリケーン（瞬発力・協応性・スピード・移動系運動スキル）

①チームごとに，2人組になって，2列でスタートラインの手前に並び，先頭の2人が，ハリケーンをイメージした体操棒の両端を持ちます。

②「よーい，ドン」の合図で，2人が一緒に棒を持って，コーンをまわって戻ってきます。

③スタート地点に戻ったら，チームメイトの足の下を通すように，体操棒をくぐらせます。このとき，待っている子どもたちは，棒につまずかないようにタイミングを合わせてジャンプします。

④最後尾についたら，今度は，棒を子どもたちの頭の上を通して前に戻していきます。

⑤列の先頭まできたら，次の2人組に体操棒を渡します。棒を渡した2人は，列の最後尾につきます。

⑥アンカーの2人が，スタートライン上に棒を置いたら，全員でバンザイをします。一番はやくバンザイをしたチームの勝ちとなります。

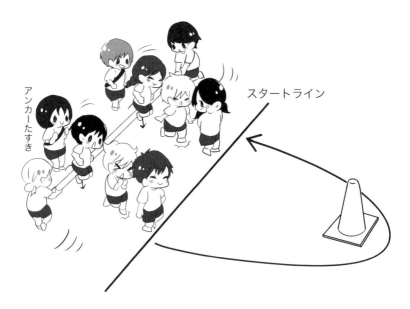

（前橋　明）

(20) バルーン（協応性・操作系運動スキル・移動系運動スキル）

円形の大きなバルーンを用意します。バルーンの端を引っ張り合いながら，上下，左右に振って波を作ったり，みんなで息を合わせて大きなドームを作ったりして遊びます。音楽に合わせることで，子どもたちの動きが合わさってリズミカルに楽しく遊ぶことができます。

(21) 布あそび（協応性・操作系運動スキル）

布の素材は，なるべく軽いものを選ぶと良いでしょう。大人（2名以上）が，布の端を持ち，布の中に入っている子どもの頭上で，フワフワさせたり，ゆっくりと頭の上にかぶせたりします。特に乳児は，「上から下から大風こい。こいこいこい。」とリズムに合わせて布を上下すると，顔にかかる感触を楽しんだり，触ろうと手を伸ばしたりして，大喜びします。

(22) 玉入れ（協応性・操作系運動スキル）

玉入れ（球入れ）は，一定の離れた距離にあるかごに球（お手玉やボール等）を投げて，入った球の数量を競うという，誰もがわかりやすいルールの競技です。

(23) ダンシング玉入れ（リズム・協応性・操作系運動スキル）

音楽に合わせて，ダンスしたり，玉を入れたりします。

(24) ぴったんこ玉入れ（空間認知能力・操作系運動スキル・協応性）

基本は通常の玉入れと同じですが，自分のチームのかごと相手チームのかごとかご同士をぴったりつけます。

(25) スポーツ玉入れ　アジャタ（空間認知能力・操作系運動スキル・協応性）

①ボールをサークル内に積み，サークルの外側に後ろ向きで立ちます。
②スタートの合図で中央のかごに向けて，ボールを投げます。
③制限時間内に，自分のサークル内に置いたボールをいかに速くかごの中に入

れられるかを競うあそびです。その他，チームで考えながら遊ぶこともできます。

(26) 追いかけ玉入れ（敏捷性・協応性・操作系運動スキル・移動系運動スキル）

かごを背負って逃げる指導者を，走って追いかけながら玉を入れます。

（若林仁子）

第7節　児童期に適した外あそび

　小学生の時期は，ゴールデンエイジと呼ばれ，人間の一生のうちでもっとも
運動神経が発達する時期といわれています。子どもたちの身体能力，運動能力
が著しく発達するこの時期に，あそびを通して多様な動きを経験させることが
大切です（表6-1）。

　また，からだが著しく発育し，運動においてもできることが増えてきます。
そして，体格だけでなく，社会性や自立性など，心の様々な面もめざましく発
達する時期です。指導者は，このような小学生の時期の特徴を踏まえた上で，
あそびの内容を十分検討し，提供していきましょう。

1．小学生のあそびを考える上で，大切なこと

　小学生の時期の子どもたちが夢中になるあそびを提供するために，指導者は
どのようなことに配慮すると良いのでしょうか。小学生のあそびを考える上で，
指導者が心掛けると良いことについて紹介していきます。

（1）ルール

　ルールがシンプルで分かりやすく，説明されたら，すぐに遊べることが大切
です。ルールが多かったり，内容が難しかったりすると，それだけで子どもた
ちの遊ぶ意欲は低下してしまいます。いつでも，誰でも，すぐに遊ぶことがで
きる内容のあそびを提供しましょう。

（2）工夫

　自分たちであそびを工夫し，発展させて楽しめることが大切です。勝敗の決
め方や得点の仕方などのルールを変えたり，用具の配置や数を変えたり，コー
トの大きさや形を変えたりする等，子どもたち自身で遊び方を工夫できると，
子どもたちはあそびにのめり込んでいきます。また，指導者は，子どもたちの
様子を見て，必要に応じて工夫する視点を与え，あそびを工夫したり，広げて

児童期

表6-1　小学生向けのあそび

あそびの分類	運動あそび名	適切な人数（人）	必要な場の広さ（m）	用具の有無	おすすめ学年
からだを移動させて楽しむあそび	ドンじゃん	10〜15	10×10	×	低
	2方向ドンじゃん	10〜15	20×20	×	中・高
	ボールギャザー	10〜15	20×20	○	中・高
	リバーシ	10	15×15	○	低
	Sけん	10〜15	10×10	×	全
鬼あそび	十字鬼	10〜15	20×20	×	低・中
	宝取り鬼	10〜15	15×30	○	高
	ピーターパン	20〜30	20×20	×	全
的あてあそび	的あて	5〜10	10×10	○	低・中
	ナイスキック	5〜10	20×10	○	中・高
	キャリー・ザ・ターゲット	5〜10	10×15	○	中・高
走・跳のあそび	遊具タイムアタック	5〜10	10×30	○	中・高
投のあそび	キラキラハンマー	10〜20	15×15	○	低
	ボール投げ競争	5〜10	15×10	○	全
ドッジビーを使ったあそび	ドッジビー	20〜30	15×15	○	低
	ドッジビー6むし	20〜30	15×15	○	高
	ドッジビースナイパー	5〜10	10×10	○	中・高

〔いつでも　どこでも　だれとでも28の運動遊び：東京都小学校体育研究会　体育的活動領域部会，2022，p.2を基に筆者作成。〕

あげたりすることも大切です。

（3）ゲーム性が高いあそび，競争（競走）があるあそび

　小学生の時期の子どもたちは，ゲーム性が高いあそび（鬼ごっこや的あてあそび等）や競争（競走）があるあそび（かけっこやリレー，得点を競うゲーム等）を好みます。ゲーム性や競争の要素があるあそびは，運動の強度も高く，子どもたちが夢中になって遊ぶことができるので，積極的に提供していきましょう。

（4）友だちとの関わり

　この時期の子どもたちは，友だちと遊ぶことを好む時期でもあります。また，友だちと関わり合いながら遊ぶことで，自制心や社会性を養うことにもつながります。友だちのまねをしたり，ルールを守りながら競争したりして楽しめるあそびを提供していきましょう。

（5）用具・道具

　指導者が，魅力的なあそびを紹介したり，子どもたちが，あそびを工夫したりするためには，用具が揃っていることも重要な要素です。できるかぎり用具や道具を揃え，子どもたちのあそびの幅を広げることができるようにしましょう。

（6）指導者の言葉がけ

　子どもたちの心が動くようなあそびや時間を提供するためには，指導者の言葉がけが重要であることを自覚しておきましょう。あそびの中で，子どもたちができたことは大いに称賛し，できないことや挑戦していることは，そばで応援したり，適切な助言を与えたりしながら，温かく見守ってあげましょう。

児童期

２．小学生向けのあそび（おすすめ学年／体力の身体的要素）

　小学生の時期は，１〜６年生まで６年間あり，それぞれの年代であそびの好みや，できることが異なります。指導者は，それぞれの年代の発達段階を理解した上で，子どもたちの好みや運動能力に合ったあそびを提供することが大切です。また，どのような体力の身体的要素が養われるのか，提供するあそびの効果を十分に理解しておくことも重要です。提供するあそびの内容に偏りが出ないよう配慮し，子どもたちがあそびを通して多様な動きをバランス良く経験できるように心掛けましょう。

（1）ドンじゃん（低学年／敏捷性・スピード）

①直線の両端から中央に向かって走り，相手と両手を合わせて「ドン」と言います。

②じゃんけんをして，負けた子のチームは，次の子が出発します。

③相手陣地のコーンにタッチできたら，得点できます。

（2）２方向ドンじゃん（中・高学年／敏捷性・スピード）

①四角形の対角線上に２チームで分かれ，スタート位置から左右どちらかの
　コーンを回って相手チームのコーンに向かって走ります。走ってきた相手と
　両手を合わせて「ドン」と言います。

②じゃんけんをして，負けた子のチームは，次の子が出発します。

③相手陣地のコーンにタッチできたら，得点できます。

（3）ボールギャザー（中・高学年／敏捷性・スピード）

①３チームに分かれて陣地の後ろに
　並びます。

②真ん中にあるボールを持ってきた
　り，相手陣地にあるボールを持っ
　てきたりして，自陣に先にボール
　を３つ揃えたチームが勝ちです。

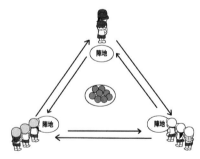

（4）リバーシ（低学年／平衡性・協応性・持久性）

①リバーシ（表裏で色が違う板）を用意します。※既製品も良いですが，手づくりのもの（段ボール板に色画用紙やカラービニールテープを貼る等）でも可です。

②2チームに分かれ，自分のチームの色にリバーシをめくります。

③時間を設定し，最後に自分のチームの色のリバーシが多い方が勝ちです。

（5）Sけん（全学年／平衡性・協応性・持久性）

①S字のコートを作り，2チームに分かれます。

②自分の陣地以外は，全てケンケンで移動します（自陣内では両足を付けてもよい）。

③手と手で押し合って，相手の足を地面に着かせるようにします。足が地面に着いたら，自陣に戻り，再びスタートします。

④相手陣地のコーンを先に倒したチームが勝ちです。

（6）十字鬼（低・中学年／敏捷性・スピード・持久性）

①四角いコートに十字のラインを引きます。

②鬼は，その十字の上しか移動できません。

③鬼にタッチされた人は，鬼と交代します。

④逃げる人は，鬼にタッチされずに3周まわることができれば勝ちです。

児童期

179

（7）宝取り鬼（高学年／敏捷性・スピード・持久性）

①2チームに分かれ，攻め側は，タッチゾーンの守りにタッチされないように，宝（紅白玉や新聞紙玉など）の置いている宝ゾーンまで行き，宝を持って帰ってきます。

②攻め側は，守りにタッチされたら，スタートラインから再スタートします。

③攻めと守りを交代して行い，得点が多いチームの勝ちとします。

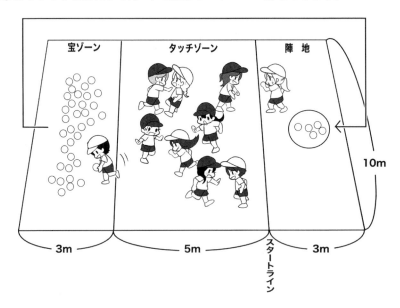

（8）ピーターパン（全学年／敏捷性・スピード・持久性）

①2チームに分かれます。

②それぞれのチームで，相手チームに知られないようにピーターパン役を3人決めます。ピーターパンは，宝物（石や丸めた紙など，相手に気づかれずに手で握ったり，ポケットに入れたりできるもの）を持ちます。

③相手チームの子をタッチして，じゃんけんをし，勝った子は，そのまま逃げることができます。負けた子は，その場に座って石になり，動けなくなりますが，同じチームのピーターパン役の子にタッチしてもらうと，動けるようになります。

④ピーターパン役の子が相手チームの子にタッチをされて，じゃんけんに負けた場合は，宝物を指導者に渡し，その場に座って動けなくなります。ピーターパンでなくなった子も，他のピーターパン役の子にタッチしてもらうと，動けるようになります。

⑤ピーターパン役の子3人を見つけ出し，全ての宝物3つを先に取ったチームが勝ちです。

（9）的あて （低・中学年／筋力）

①的（段ボール箱や吊り下げたフープ等）の前に並び，ボールを3球投げたら後ろの友だちと交代します。

②的に点数をつけ，得点の多い人が勝ちです。

(10) ナイスキック （中・高学年／筋力）

①ボールを蹴って的に当てます。

②的に点数をつけ，得点の多い人が勝ちです。

(11) キャリー・ザ・ターゲット （中・高学年／筋力）

①2〜3つのチームに分かれます。（1チーム3〜5人）

②1人1球ずつボールを的に向かって投げ当て，的を動かします。

③スタートラインから5m先のゴールラインまで，先に的を動かしたチームの勝ちとします。

(12) 遊具タイムアタック （中・高学年／敏捷性・スピード）

①20〜30m程の障害物コースを全力で走り，スタートからゴールまでのタイムを競います（障害物は，校庭や公園の遊具など）。

②コースの途中にお題（鉄棒で前回り1回，うんていを半分までする等）を設定して，クリアするようにしても良いです。どんなコースにするか，子どもたちと相談しながら決めてみましょう。

(13) キラキラハンマー（低学年／平衡性・協応性）

①新聞紙１枚を丸めて，アルミホイルで包み，球にします。

②できた球を傘袋に入れ，空気を入れて口を縛ったら，キラキラハンマーのできあがりです。

③投げて飛距離を競い合ったり，上に投げ上げてキャッチしたりして遊びます。

(14) ボール投げ競争（全学年／筋力）

①２～３ｍのゴムの片端にテニスボールを付け，もう片方
の端は，500mlのペットボトルに巻き付けます。ペット
ボトルに，水を１／３程度入れたら準備完了です。

②２チームに分かれます。

③チームごとに１人ずつ10m先のゴールラインに向かって
テニスボールを投げ，ペットボトルを少しずつゴールラ
インに近づけていきます。

④先にペットボトルがゴールラインを越えたチームの勝ちです。

(15) ドッジビー（低学年／平衡性・協応性）

①２チームに分かれます。

②ドッジボールとルールは同じです。ドッジビー（布製のフライングディスク）
を相手チームに向かって投げます。当てられた子は，外野に出ます。外野に
出ている子が相手チームの内野の子に当てたら，内野に戻ることができます。

③時間を設定し，最後に内野にいる人数が多いチームの勝ちとします。

(16) ドッジビー6むし（高学年／平衡性・協応性）

①鬼を6人決め，ドッジビーを3枚用意します（鬼8人→4枚，鬼10人→5枚）。

②鬼は2人1組でドッジビーを1枚使います。

③鬼はコートの外側からコート内を走っている子にドッジビーを投げ当てます。

④鬼以外の子は，コートのスタートラインからゴールラインまで一方通行で走り，鬼が投げるドッジビーに当たらずに走り抜けることができたら「1むし」となります。ゴールラインに辿り着いたら，コートの外側を回ってスタートラインに戻ります。

⑤2回走り抜けることができたら「2むし」となり，6周の「6むし」を目指します。

⑥コート内を走っている子は，鬼が投げるドッジビーに当たってしまったら「0むし」に戻り，スタートラインからやり直します。鬼が投げるドッジビーをキャッチすることができたら，セーフとします。キャッチしたドッジビーは，鬼に投げ返します。

⑦時間を設定し，時間内に6むしになった子が勝ちです。

児童期

ゴールライン　　　　　　　　　　　　　　　スタートライン

(17) ドッジビースナイパー（中・高学年／平衡性・協応性）

①ジャングルジムに向かってドッジビーを投げ，ジャングルジムを通します。

②ドッジビーが通ったところに応じて，点数を獲得します（得点→手前から1点，2点……とし，最後まで通り抜けたら10点とします）。

③3回投げて，合計点を競います。

（板口真吾）

第7章
自然との関わりの中での外あそび

第1節　自然あそびの意義と役割

　「自然は人間の苗床」という言葉があるように，自然あそびは，子どもの発達に良い影響をもたらします。そのため，自然あそびは，子どもの心身の成長や発達において重要な活動として位置づけられています。

1. 自然あそびとは

　自然との関わりの中での外あそび，いわゆる，自然あそびは，子どもの健全育成に欠かすことができないあそびの一つです。外あそびを行う上で，環境はとても大切です。大自然の中，樹木や落ち葉，小川などを活用し，子どもたちが主体的に思い思いのあそびができる自然あそびは，子どもにとって非常に魅力的なあそびではないでしょうか。既成の玩具がなくても，自然の中にあるものを使って，子ども同士が知恵や工夫を出し合いながら楽しむことのできる自然あそびは，子どもの発達に良い影響をもたらすことでしょう。

　また，幼保連携型認定こども園教育・保育要領[1]における幼児期の終わりまでに育ってほしい姿の「自然との関わり・生命尊重」では，「自然にふれて感動する体験を通して，自然の変化などを感じ取り，好奇心や探究心をもって考え，言葉か身体などで表現しながら，身近な事象への関心が高まるとともに，動植物への接し方を考え，命あるものとしていたわり，大切にする気持ちをもって関わるようになること」が示されています。

　また，幼稚園教育要領[2]におけるねらいと内容には「自然の中で伸び伸びとからだを動かして遊ぶことにより，身体の諸機能の発達が促されることに留意

し，幼児の興味や関心が戸外にも向くようにすること」と記されています。

　そして，小学校学習指導要領[3]においては，自然あそびは「野外に出かけ，地域の自然に親しむ活動や体験的な活動を多く取り入れるとともに，生命を尊重し，自然環境の保全に寄与する態度を養うようにすること」と述べられています。

　そのため，自然あそびは，自然に対する理解を育むだけでなく，運動の一環として，子どもたちの体力・運動能力の向上に，効果が期待できそうです。

　例えば，木登りでは，筋力や瞬発力，持久力，平衡性，柔軟性などが養われます。

　また，虫とりや落ち葉あそびでも，野山を駆け回る際に，持久力や敏捷性などが育まれます。渡部[4]の研究では，子どもの自然あそびの意義と効果は，豊かな人間性や自主性，体力・健康などの「生きる力」の基盤を育むことであると報告されています。

　したがって，自然あそびは，子どもの多面的発達（身体的・社会的・知的・精神的・情緒的）に寄与することが期待できるのではないでしょうか。

２．自然あそびを行う環境

　児童の権利に関する条約[5]の第29条では，子どもの教育について「自然環境の尊重を育成すること」と示されています。

　また，放課後児童クラブ運営指針[6]では「自然や文化と関わりながら，身体的技能を磨き，認識能力を発達させる（中略）子どものあそびを豊かにするため，屋外あそびを行う場所を確保することが求められる。その際，学校施設や近隣の児童遊園・公園，児童館等を有効に活用する」と明記されています。

　そして，幼稚園教育要領[7]の第二章における「環境」のねらいと内容には「幼児期において自然のもつ意味は大きく，自然の大きさ，美しさ，不思議さ等に直接触れる体験を通して，幼児の心が安らぎ，豊かな感情，好奇心，思考力，表現力の基礎が培われることを踏まえ，幼児が自然との関わりを深めることができるよう工夫すること」と記載されています。

　子どもが自然あそびを行う際，環境が非常に重要でしょう。自然あそびの実

自然あそび

写真7-1　都内の公園の樹木
（東京都江東区）

写真7-2　歩道沿いの植え込みに隠れている
テントウムシ（東京都港区）

自然あそび

　施環境として，居住地の近隣に，林や山，海，森林公園など，自然に恵まれた場所があれば理想的ですが，都会に住んでいるからといって，全く自然あそびができないというわけではありません。

　例えば，タワーマンションやオフィスビルが多く建てられている都心部や住宅密集地においても，自治体が管理する公園がいくつもあり，少なからず芝生や樹木が植えられています（写真7-1）。そこには，テントウムシ（写真7-2）やチョウチョ，バッタ，ダンゴムシ等の昆虫が生息していますし，オフィス街の植え込みにもコオロギが住んでいて，秋口になると虫の音色が聴こえてきます。

　また，それらの場所には，生きものだけでなく，様々な木々や花々も生息し，探検や観察をする子どもの興味・関心を引くことでしょう。

３．生きもの（虫・カエル・ザリガニ等）とのふれあいや草花採取

　実際に生きている動植物に触れることで，観察力や興味が深まり，生命の不思議さや尊さ，大切さを徐々に知ることに繋がっていきます。セミの抜け殻や小石，落ち葉などを自分の下駄箱の中に宝物として入れて，何か月も大事にし

ている子どもの姿がよく見かけられます。このような活動を通して，自然物を慈しむ気持ちが育まれることでしょう。

　特に，子どもにとって身近な動植物である昆虫の採集，所謂，虫とりは，生きものに対する興味・関心を大いに育むことでしょう。自然の中で，多種多様な昆虫を探すことは，生きものに対する知的好奇心や探究心を養うことに最適ではないでしょうか。

　昆虫の種類は，生きものの中でも最も多く，100万種に及ぶとされています。同じ種類の昆虫でも，色や形，大きさ等，個体差があり，それらも子どもの知的好奇心を刺激することに繋がります。

　例えば，カブトムシやクワガタムシ等の甲虫類は，子どもに非常に人気のある昆虫ですが，個体差が顕著です。子ども同士で，捕まえたカブトムシやクワガタムシのツノやハサミの形，大きさ等の比べ合いをすることで「なぜ，同じ種類の昆虫でも個体差が生じるのか」という探究心が芽生えることもあるでしょう。

　また，虫とりは，子どもの道徳的心情を養うことにも繋がります。捕まえた昆虫を飼育することで，その昆虫に対する愛着が湧き，世話をすることで責任感が生まれるでしょう。やがて，その昆虫が寿命を迎えることで，生命の尊さを知る機会にもなります。

　また，子どもが安全・安心に虫とりを行う際には，様々な注意事項があります。下記に，注意すべき事柄を記しました。

①歩道や車道など，人や自転車，自動車が行きかうところは避けること。
②虫とり網を使用する際は，人にぶつからないよう，周囲をよく確かめて行うこと。
③水分補給をこまめに行い，熱中症対策を十分にすること。
④虫よけスプレー・リング等を使って，虫刺され予防をすること。
⑤スズメバチや毒蛇など，危険生物を見つけたら，刺激せず，速やかにその場を離れること。
⑥小さい子どもの場合は，保護者や保育者が付き添うこと。
⑦動植物採集禁止の公園では，虫とりは控えること。

第2節　戸外の活動や四季の自然あそび

　自然あそびの種類[8]は多種多様です。また，四季の移ろいに伴い，あそびの内容も変化します。子どもは，季節ごとのあそびを通して，豊かな感性と自然に対する知的好奇心や探究心を育むことでしょう。

1．遠足や山登り

　遠足や山登りは，そこに行かなければ経験できない不便さはありますが，だからこそ，普段出ることのない力と気力，そして，頑張った後の達成感や満足感が得られるものと感じます。子どもの日常の中での自然あそびの充実を図ることは非常に重要ですが，遠足や山登り等の非日常の中での体験も，子どもの健やかな育ちに必要不可欠といえるでしょう。

2．水あそびや木登り

　水あそびでは，自然の池や小川，海など，木登りでは，樹木を利用して全身を使った多様な動きが体験できます。これらは，子どもが大好きなあそびであり，楽しさだけでなく解放感もあります。

　しかし，これらのあそびには，十分な注意を払わなければ，ケガや重篤な生命の危険が伴います。その反面，これらの体験を避けてばかりいると，自分のからだのできる限界がわからないまま大きくなり，自分のからだが守れない人になるのではと危惧されます。

　また，水あそびや木登りでは，チャレンジする意欲や思考力も高められ，達成感も味わえます。子どもをわくわくさせるリスクの中で，様々なあそびを行うことで，身体能力や危険予測・回避能力を高めることに繋がるでしょう。

3．季節の自然あそびについて

　自然あそびは，大きく2種類に分けることができます。その一つは，散歩（写真7-3）や木登り（写真7-4），虫とり等で，季節に関係なく，1年中，楽

自然あそび

写真7-3　散歩

四季折々の様子を感じ，発見したことを
親子で話し合いながら，のんびり散歩して
みましょう。

写真7-4　木登り

全身を使った多様な動きが経験できます。
チャレンジする意欲や思考力も高められ，
達成感も味わえます。

しむことができる自然あそびです。

　もう一つは，その時々の季節にしか楽しむことのできない自然あそびです。
季節の移り変わりを肌で感じ，その季節ならではのあそびを楽しむことができ
るでしょう。日本には四季があり，季節の変化があるからこそ，その変化に合
わせたあそびの工夫やアイデアが生まれ，子どもの主体性や創造性が養われて
いきます。

（1）春の自然あそび

　春は，草花が芽吹き，越冬した生き物も，徐々に顔を出す季節です。暖かな
春空の中，タンポポの綿毛飛ばしやシロツメクサでアクセサリーづくり，ツク
シ採り，グラスすべり（写真7-5，7-6）等を楽しむことができます。

（2）夏の自然あそび

　夏は，自然あそびが大変豊富な季節です。動植物は，生き生きとして，森や
林の中には，多種多様な昆虫で溢れています。

　また，川あそび（写真7-7）や海水浴では，泳ぐだけではなく，魚や貝，甲

自然あそび

写真 7 - 5　草花をつかったあそび

　春は，タンポポやオオバコ，七草，シロツメ
クサ等，あそびに活用できる草花であふれてい
ます。ツクシやフキノトウ等，食べられる野草
も多く見られます。

写真 7 - 6　グラスすべり

　新緑の芝の斜面を，段ボールやそり等ですべ
るあそびです。ダイナミックでスリルがあり，
親子でいっしょにすべって楽しむこともできる
でしょう。

自然あそび

写真 7 - 7　川あそび

　自然に囲まれて行う川あそびは，様々な生き
物や水の流れの美しさ等，子どもを感動させる
要素で溢れています。

殻類や水生昆虫などに触れる機会でもあります。プールでは経験できない体験
を通して，からだも思いっきり動かしながら，自然に対する興味・関心を刺激
し，知的好奇心や探究心を養うことができるのではないでしょうか。

（3）秋の自然あそび

　秋は，紅葉が見頃の季節で，自然の木々を利用した落ち葉あそびや落ち葉す
べり，どんぐり探し（写真 7 - 8 ， 7 - 9 ， 7 -10）等を楽しむことができます。
　また，感受性が豊かな幼少期には，積極的に戸外に出て，自然の美しさにふ
れながら遊んでもらいたいものです。

写真7-8　落ち葉あそび

　子どもは落ちているものを見つけること，拾うことが大好きです。集めた葉を活用して，ままごとや工作など，他のあそびへと展開することも楽しいでしょう。

写真7-9　落ち葉すべり

　ダンボールの上に座って，落ち葉の斜面をすべり降ります。雪あそび用のそりなら，2人いっしょにすべることができます。

写真7-10　どんぐり探し

　どんぐりは，生った樹木によって形や大きさが異なります。子どもは，どんぐりを探すことでからだを動かすだけでなく，自然に対する興味・関心を抱くことでしょう。

（4）冬の自然あそび

　冬は，気温が下がるため，動植物も少なくなり，他の季節に比べて自然あそびの機会も少なくなりますが，雪が積もると一変します。積もった雪を活用し，そりあそび，雪像づくり（写真7-11），雪のスタンプあそび等の雪あそびを楽しむことができます。

　しかし，首都圏では，雪が降り積もるのは，1年間に僅かしかないでしょう。雪がある時に戸外に出なければ，貴重な雪あそびの経験の機会を逸しています。

　要するに，自然あそびは，子どもにとって，かけがえのない経験であることを踏まえ，その機会を増やしていくことが，子どもの健全育成に寄与すること

写真7-11　雪像づくり

雪だるまや椅子，かまくら，動物などをつくってみましょう。ままごとあそびにも発展します。

に繋がっていくのです。

【文　献】

1)　内閣府・文部科学省・厚生労働省：幼保連携型認定こども園教育・保育要領，p. 61，2018.

2)　文部科学省：幼稚園教育要領，p.15，2017.

3)　文部科学省：小学校学習指導要領，pp.110-111，2017.

4)　渡部かなえ：発達障害・知的障害を持つ子どもたちの自然体験活動の意義と現状，人文研究205，pp.59-74，2022.

5)　外務省：児童の権利に関する条約，p.39，1994.

6)　厚生労働省：放課後児童クラブ運営指針，p.4，2017.

7)　前掲2)

8)　前橋　明：3歳からの今どき「外あそび」，主婦の友社，pp.110-114，2015.

【写真提供】

写真7-1，7-2：筆者撮影。

写真7-3，7-5，7-6，7-7，7-8，7-10：社会福祉法人心育会　さつきこども園。

写真7-9：学校法人曽野学園　曽野幼稚園。

写真7-4，7-11：玉成保育専門学校　教員　廣瀬　団。

（門倉洋輔）

自然あそび

第3節　身近に楽しめる散歩あそび

1．散歩あそびの魅力
　散歩は，外気に触れ，季節ごとの自然に親しむことができるため，リフレッシュ効果が得られます。そして，体力や時間など，個々の子どものペースに合わせて，無理なく楽しむことができます。一人でのんびり歩く楽しみ方もありますが，家族や友だちといっしょに楽しむ散歩は，時間や空間，そして，感動体験をも共有できることから，子どもの心やからだの健全育成に必要な要素を含んだあそびがたくさん経験できます。

　集団生活の中では，大人数がいっしょに散歩へ出かけることもあります。集団で散歩へ出かける時の目的は，ゆったりと外気を吸い，周囲の景色を楽しみながら歩く，近隣の公園や川など，目的地を決めて歩き，そこで，みんなで遊ぶ等が挙げられます。また，散歩を通して，交通ルールを身につけたり，長距離を友だちと楽しく歩く経験をくり返し，脚力を高める等，健康づくりの基礎に繋げたりする目的もあります。安全に歩くということが基本になりますが，友だちといっしょに歩くと，人とペースを合わせることも必要になってくるため，思いやりの気持ちや協調性も育まれます。

　散歩は，一箇所に留まって遊ぶことが少ないこともあり，危険から身を守るために，年齢が低い子どもほど，家族（保護者）と共に遊んだり，行き先や連絡の取り方などを，前もって伝えたりしておくことが望ましいです。

2．散歩あそびについて
　それでは，具体的な散歩あそびを紹介します。

（1）自然散策
　自然散策は，自然の中を歩くことで季節の昆虫類や動物，草花を見つけます。生き物への興味・関心が高まります。また，季節の移ろいを五感で感じます。木々の変化，山あいの色の変化など，心を豊かにします。

自然あそび

（2）地域探検ごっこ

　地域探検ごっこは，地域内を歩きながら今まで気づかなかった場所を発見して遊びます。秘密基地を作る，また，友だちの家や近道，迷路のような路地，公園，川などを新たに見つけることで，自分が住む地域をより深く知り，地域の人や物などへ愛着をもつようになります。

（3）お気に入りポイントのマップづくり

　自分の住む地域の中で，お気に入りポイントを見つけて，絵や写真，文字でマップを作って遊びます。よく利用する公園，コンビニ，友だちの家，美味しそうな果物が実る家，近所の物知り博士が住む家，トイレが借りられる所などが見つかり，自分の住む地域をよく知ることになるでしょう。また，自分が作ったマップを友だちと見せ合い，互いに自分の地域の新たな発見ができる等，友だちと情報やあそびの共有ができます。

（4）標識博士

　自分の住む地域に，どのような種類の標識がいくつあるかを探します。また，友だちと標識を見つける数を競ったり，標識の意味を調べたりして遊びます。標識博士となって，自分が調べた標識の数や，標識の意味，どのような場所にどのような標識が多く設置されているか等を，家族や友だちに発表することも良い経験となります。自分の住む地域が安全でより住みやすい地域になるよう，オリジナルの標識を考えると，さらに楽しめます。

（5）地域ワンデーツアー・ミステリーツアー

　友だちと予め，どこを目指していくかを計画し，弁当，水筒，おやつ等を持って，地域（地元）を巡るワンダーツアーを一日存分に楽しみます。また，前もってどこへ行くかは決めずに，家族や友だちと，地域の中で今まで行ったことのない場所（公園など）を探し，自由気ままに巡って遊ぶミステリーツアーもワクワクして楽しめます。

（笹間奈緒美）

自然あそび

第8章
コロナ禍における外あそび

第1節　コロナ禍における外あそびと，実施上の留意事項

　コロナ禍において，家の中で過ごさざるを得ない生活が続くと，親も子ども
も，ストレスがたまります。制限された環境で，十分からだを動かせていないと，
体力も落ちてきます。外出自粛が緩和され，戸外に出られるようになったなら
ば，感染しないで，安全に，どんなあそびを，どのように行ったらよいので
しょうか。留意すべき事項を考えて，外あそびを経験させてあげたいものです。

1. コロナ禍における子どもの外あそびの進め方

　コロナ禍における子どもの外あそびを，どのように進めるかを5つにまとめ
てみます。まず，基本的な考え方ですが，外あそび場の中で，子どもの貴重な
居場所でもある公園は，町の肺であり，空気の転換場であると考えています。

（1）公園の中でも，人が多い場所を避けて，混雑する場所や時間帯は見合わ
　　せるようにしましょう。また，2m以内に人が集まるような密集状態を作ら
　　ないことが大切です。要は，①混んでいたら利用しない，②いつもより短め
　　に使う，③長い時間，同じ場所に留まって独占しない（密集を作らない）こと
　　です。

（2）利用上のマナーとして，マスク着用や咳エチケットの励行，帰宅後の手
　　洗い，うがいの徹底などをこまめに行い，大切な人にうつさない感染予防の
　　取り組みが必要です。夏期のように，水分補給が必要な時期は，手洗いや消
　　毒後に補給をします。

（3）体調の優れない時，咳やくしゃみの症状がある時，発熱がある場合の外

あそびや公園利用は，控えさせることです。

（4）飛沫感染と接触感染を防ぐことのできるおすすめのあそびをご紹介します。

　①互いの距離を保って遊べる「ボールの蹴りっこ」「けんぱ」「階段じゃんけん」

　②安全のために，通常でも距離を取って遊ぶ「なわとび」「缶ぽっくり」「竹馬」

　③コンタクトを避ける「影ふみ」「ぐるぐるじゃんけん」「椅子を使わないフルーツバスケット」

　④自己空間を維持しながら楽しく動ける「リズム体操やダンス」「ゴム跳び」

　⑤バトンでのタッチでなく，地上にフープを置き，そのフープの中に入ったら，タッチしたこととする「リレーごっこ」等があげられます。

（5）公園や園庭の固定遊具の中のトンネルについてですが，空気の流通や換気の良いトンネルでのあそびは可能ですが，換気が悪く，トンネルの中に数人がこもって遊ぶ遊び方や長いトンネルでのあそびは，密閉状態をつくりますので，控えさせましょう。

2．コロナ禍における，安全な公園の利用法と利用時の留意点

　まず，混んでいたら利用しない，いつもより短めに使う，独占しないように使うことを基本にしましょう。公園は，多くの人や子どもたちが集まってきます。各地域の行政は，多くの人が集まる公園での感染対策に苦慮されるため，利用禁止や立ち入り禁止としたところもありますが，そうなると，とくに子どもたちはますます行き場所を失っているのが問題です。公園は，一律に閉鎖するのではなく，使い方の工夫や利用者に感染対策を呼びかけ，継続して安全に利用できるように工夫することが望ましいです。公園は，すいた時間や混雑していない区域や場所を選んで，他人と密接にならないようにすること等，具体的な利用のしかたを呼びかけて，利用してもらいたいのです。公園でのジョギングも，マスクをして，互いの距離や間隔をとって行えば，実践は可能でしょう。要は，密を避けて利用してもらうことです。

　①密集場所（大人数が集まる場所は避けてね）

　②密接場面（間近で会話や発声は控えてね）

③密閉空間（換気の悪い場所は避けてね）

に気をつける呼びかけ・掲示をしてください。

　つまり，感染対策時の公園利用にあたっては，「少人数」「短時間」「運動，散歩」利用に限っての使用に理解を求めることが必要で，「他の人との距離・間隔を，2ｍ以上あける」「混んでいるときは利用を控える」「手洗い，マスクの着用，咳エチケットを引き続き呼びかける」ことをお願いします。

　集団感染は，「換気が悪く」，「人が密に集まって過ごすような空間」，「不特定多数が接触する恐れが高い場所」で起こりますので，公園を利用される場合は，感染拡大防止の面からも，手洗いやマスクの着用，咳エチケットの徹底が必要不可欠です。

　特に，利用の多いベンチや遊具，広場において，①混んでいたら利用しない，②いつもより短めに使う，③独占しないように使うことを念頭に，密集を作らないよう，配慮と協力をお願いします。

　また，普通の環境下では，マスクは必要ありませんが，コロナ状況下では，感染を避けるためには，遊んでいるときも，マスク利用は基本です。

　3密（密閉・密集・密接）の条件の揃わないところで，外で遊ぶようにさせましょう。ただし，公園の固定遊具は，不特定多数の方が触れるので，感染の心配があります。家に帰ったら，手洗いやうがいをし，こまめに消毒してください。とくに，手洗いは，流水で行いましょう。

　あそびの途中で水分補給をするときは，その前後に必ず手を洗い，消毒をしましょう。

　コロナ禍では特に子どもたちの気持ちもふさぎがちです。とにかく，子どもをほめてあげて，ポジティブなメッセージを伝えていくことで，子どもは，自信を生み，自分で動こうという気持ちになるのです。そして，「おもしろい」「楽しい」「また，したい」と感動すれば，生活の中で，運動実践はずーっと続きます。

　そこで，私たちも，コロナ禍における子どもたちのニーズを考慮した上で，健康管理上，大切な運動のあり方や具体的展開のし方，環境づくりの基本をしっかりと再考し，必要事項を広く普及していく必要があります。

第2節　コロナ禍でできうる運動や外あそび

1．コロナ禍において，家の中で行える運動，家族と行ったらよい運動

　外あそびや友だちとの交流を控えなくてはならない状況が続きます。子ども
が家庭内にとどまり続けなくてはならないことで，「十分に全身を動かせず，
運動不足や体力低下が生じないか」「人との関わりから育まれる社会性の発達
が遅れるのではないか」と，心配されることと思います。そこで，自粛期間中
に，筆者が配信していた事柄を紹介してみます。

　まず，家庭内の少しのスペースで，道具がなくてもできる「体力づくり運
動」や「体操」が良いでしょう。在宅で，仕事中の保護者も，休憩時間や
ちょっとした隙間時間で，親子で取り組めますので，ぜひ，子どもといっしょ
にからだを動かし，スキンシップを楽しみながら，ストレスの発散ができるよ
う，取り組んでみてください。

（1）姿勢変えあそび（瞬発力・機敏さ・柔軟性・リズム感）
①「あぐら（パパ）」「正座（ママ）」「三角座り（忍者）」の3つの姿勢を，親の
　かけ声に合わせて，子どもがすばやく姿勢を変えます。
②順番を変えたり，スピードを早めたりすることで，より楽しく遊べます。
③「しゃがむ」「ジャンプする」等，子どものできるポーズを加えることで，
　低年齢の子どもも楽しく取り組めますし，子どもが自分で好きなポーズを3
　つ考えて行うのも楽しいです。
　楽しく運動することになり，「楽しい！」「もう一回！」と，心が動き，くり
返し行うことで，家の中でも自然な体力づくりや感動体験を味わうことにつな
がっていきます。運動，心動，感動です。

（2）バランスごっこ（平衡性・筋力・持久力）
①向かい合って立ち，片足立ちになります。足以外は，好きなポーズをしてバ
　ランスをとります。

②どちらが長く片足で立っていられるかの競争です。

③どんなポーズがバランスをとりやすいか，どんなポーズがおもしろいか等，いろいろ試してみると楽しいです。

（3）おしりたたき（瞬発力・機敏さ・柔軟性）

①向かい合って立ち，握手をするように手をつなぎます。

②空いている手で，相手のお尻をたたきにいきます。自分のお尻もたたかれないように，逃げるのもポイントです。

③1本のタオルやハンカチを用意して，握手のかわりにその両端を持ち合って行うと，距離が確保できるので動きの幅が広がります。

（4）じゃんけん足踏み（瞬発力・機敏さ）

①向かい合って，両手をつないで立ちます。

②足でじゃんけんをして，勝った方は負けた方の足を踏みにいきます。

③負けた方は，踏まれないように，両手をつないだまま，すばやく逃げます。

（5）ロボット歩き（平衡性・空間認知能力）

①親の足の甲の上に子どもが乗り，親子で手を握っていっしょに動きます。

②前方や横方向に，また，気をつけながら後方への移動も楽しいです。

（6）手押し車（筋力・持久力・リズム感）

①子どもがうつ伏せの状態になり，腕を立てます。

②親は子どもの両足を持ち上げ，子どもは，腕を立てたまま，両手で歩きます。子どもにとって，腹筋や背筋，腕力を使うダイナミックな運動です。子どもの体力を見つつ，無理をさせないのがポイントです。慣れてきたら，前方向だけでなく，後方に進むのに挑戦するのも良いです。

（前橋　明）

2．コロナ禍において行える安全な運動，外あそび

コロナ禍では，飛沫感染と接触感染がおこらないように，注意して運動したり，遊んだりすることが必要です。飛沫感染のことを考えると，人との距離や間隔を，2mは離れて，自己空間を確保しての運動が良いでしょう。例えば，縄跳び，リズム運動，ダンスがあります。接触感染のことを考えると，接触しないで遊ぶ影ふみや姿勢変えあそび，バランス競争などが良いでしょう。

また，接触感染を防ぐことを考えると，接触しないで遊ぶ影ふみや姿勢変えあそび，バランスあそび，距離をとって遊ぶサッカーごっこや，ウォーキングやジョギング等が良いでしょう。

（1）朝のラジオ体操

毎日だらだらとしないためには，朝に誰でもできる「ラジオ体操」から始めるのが良いです。自粛や休みの折は，園や学校がある時と同じリズムの生活をするきっかけにできます。朝から，からだを動かして気持ちの良い汗をかくと，血液循環も良くなって頭がシャキッとします。

（2）新聞ボールのキャッチボール

新聞紙を丸めて，柔らかい新聞ボールを作って，投げたり，蹴ったりして遊びましょう。

（3）空気イスごっこ

イスに座っているように，膝を曲げて耐えるあそびに挑戦しましょう。誰が一番長くできるかな？

（4）影ふみ

接触しない鬼ごっこを，影ふみの要領で行います。ほとんどの鬼ごっこはできます。

コロナ禍

（5）なわとび

　なわとびの基本として，安全のために，自己スペースを確保して，接触しないように行う運動ですから，そのままできます（p. 133）。

（6）ダンス

　楽しく踊りながら，テンポや強度，回数を増やせば，トレーニング効果も大いに期待できます。足の回転数を上げたり，歩幅を広げたり，姿勢を変えたり，維持させたりして，からだを鍛えることができます（p. 154）。

（7）伝承あそびのこまやけん玉あそび

　からだをリズミカルに動かし，物を操作する協応性が身につきます（p. 139）。

（8）ウォーキングやジョギング

　家族といっしょに，ウォーキングやジョギングにでかけ，地域の神社やお寺巡りをしてみましょう。住んでいる地域の珍しいものも発見できます。きれいな植物や花にもふれ，気持ちが和みます。

（9）テレビやインターネットの動画に流れる体操やリズムに挑戦

　いかに楽しくからだを動かすか，そのためのツールとしての利用はおすすめです。

（10）バトンを使わないリレーあそび

　フープを利用して，バトンタッチの代わりにフープの中に入るとバトンを渡したこととし，次の走者が走ります。接触なしに競走できます。

（11）サッカーごっこ

　距離を開けて，ボールを蹴って遊びます（p. 134）。また，新聞ボールのキャッチボールも良いです。新聞紙を丸めて，柔らかい新聞ボールを作って，投げたり，蹴ったりして遊びます。

（前橋　明）

(12) 竹馬・缶ぽっくり

竹馬や缶ぽっくりは，バランス感覚を身につけます。足の指先を使ってしっかり歩くことは，手と足の協応性を高めます。ぽっくり自体は，子どもたちの大好きなあそびです（p. 139）。

(13) ゴム跳び（ゴム弾）

とび越える高さを競ったり，リズムや歌に合わせて跳んだり，子ども同士でルールを考える楽しさのあるあそびです（p. 132）。替え歌をつくり，楽しむ子どももいます。

(14) 的あてゲーム

的（牛乳パックや段ボール等）に丸めた新聞ボールを投げて遊びます。自分たちで作った的であれば，なお楽しく遊べます。自分たちでルールを決めたり，あそびを展開したりしながら，遊ぶ楽しさのあるゲームです（p. 136）。

(15) フープあそび

からだを入れて回したり転がしたり，また，幼児期の後半になると，縄跳びのように跳んで楽しみます（p. 137）。乳児は，小さなフープの中に入って電車ごっこをして楽しみます。

(16) 伝承あそび「ケンパ」

かかしの絵を描いて自分の石をもってケンパをしながら遊びます（p. 139）。

(17) 階段じゃんけん

じゃんけんをして言葉に合わせて階段を上るあそびです。子どもたちと言葉あそびをしながら，あそびを展開させることができます（p. 139）。

(18) 運動会の競走

カラーボールをかごに入れて交代，または，わっかをカラーコーンに入れて

交代など，バトン代わりの素材を変えながら遊んでいくことで，子どもたちも自分でルールを考えていく楽しさを経験できます。わっかは，新聞紙で作ってもよいです。

（若林仁子）

3．今後の感染症対策と外あそびや公園あそび

　マスクを含めた感染症対策は基本的には重要ですが，マスクを外しても感染リスクが高くならない場面については，例えば，屋外・公園での散歩やランニング，自転車での移動，園庭での外あそび，運動場での体育授業などにおいて，屋外の周囲の人との距離が十分に保てていたり，家族と過ごしたりする場合などは，マスクを外しても良いでしょう。

　夏季に入る頃からは，熱中症リスクも増えてきますので，登降園・登下校の時は十分な距離をとり，会話を控えたうえでならば，マスクを外しても良いでしょう。もちろん，感染が抑えられる状況下であれば，屋外や外あそびにおいても，着用は不要になっていきます。

　しかし，引き続きマスクが必要な場面としては，密集，密閉，密接の悪い条件のそろった公共交通機関での通園・通学，人混み，会話がある場面などが挙げられます。園において，2歳以上の未就学児については，マスクの着用を一律には求めず，無理につけさせないようにしていきましょう。一時的にマスクをつける場合は，長時間にならないように配慮することが求められます。

　要は，①密集場所（大人数が集まる場所は避ける），②密接場面（間近で会話や発声は控える），③密閉空間（換気の悪い場所は避ける）における注意は必要不可欠です。

（前橋　明）

コロナ禍

第3節　子どもの保育・教育，子ども支援現場での感染症対策

　本節では，子ども支援者として，心がけるべき感染症対策の基本や留意事項をお伝えします。

（1）普段の生活での注意事項

①外出するときは，マスクを着用し，人ごみは避ける。

②手洗い，うがい，手指の消毒をする。

③十分な距離の確保。人から，2m以上の距離を保つ。

④一つの場所に長居をしない。

⑤パーティー，宴会など，多人数で集まらない。

⑥健康維持，抵抗力アップのため，適度な運動をする。

（2）出勤前

　体温を測定し，体調を確認します。熱がある場合は，職場や現場の責任者に連絡・相談し，24時間経過し，症状が改善するまで，自宅で経過観察して下さい（可能なかぎり，同居家族の場合も同様）。

（3）通勤時

　徒歩は，他人から距離を保って歩き，自転車は，丁寧に拭いて消毒し，利用します。自家用車は，消毒や換気をして利用し，バスや電車を利用する場合は，常に正しくマスクをつけ，むやみに駅や車内の物に触れないようにしましょう。

（4）正しいマスクの着脱方法

①マスクをつける前に，手洗いをする。

②マスクを鼻の形に合わせて，ゴムひもを耳にかけ，鼻と口を確実に覆い，隙間をなくす。

③マスクをあごの下まで伸ばし，顔にフィットさせる。

コロナ禍

④使い終わったマスクは，ウイルスが付着している可能性のある面には触れないようにしてはずし，ビニール袋に入れて口を閉じて捨てる。

（5）出勤したとき

①手洗い・うがい・手指消毒を行う。

②出勤したら，着替える。通勤着と職場での服の併用は避ける。

③通勤時に使用したマスクは，子どもたちと関わる保育中や指導中には使用しない。

④勤務中の休憩時や隙間時間に検温をして，自己の体調把握をする。

⑤体温が37.5度を超える場合や，風邪症状がある場合は，帰宅させてもらい，安静にする。必要に応じて，事前の電話連絡をして，病院での診療を受ける。

（6）勤務中の注意事項

①風邪症状がある場合，感染症流行時はマスクを着用する。

②エレベーターよりは，できるだけ階段を利用し，手すりは持たないようにする。

③人との距離を1m以上保つよう，心がける。

④食事の前後と，トイレの後，園児の排泄介助・援助をするときは，手を洗い，手指消毒を行う。排泄介助・援助の時は，排泄用エプロン，ビニール手袋を装着する。

⑤マスク着用の場合は，熱中症対策のためにも，こまめに水分補給をする。

⑥休憩時も，間隔をあけて座り，過度な会話は控える（パーテーションの使用や時差で休憩する）。

⑦外部の人を受け入れるときは，検温の協力と入室記録を残し，マスク着用と手洗い，または，手指消毒を依頼する。

（7）子どもの送迎時

①保護者に玄関で手指消毒をしてもらう。

②保護者が，保育室や教室に立ち入らないようにしてもらう（感染症流行時）。

③玄関での受け入れをしてもらう（感染症流行時）。

④子どもの体調や家族の体調について，保護者に確認をする。

⑤体調不良の保護者は，送迎を控えてもらう。

（8）保護者が園内・校内に入るとき

①保護者には，手指の消毒（アルコール消毒）をしてもらう（感染症流行時は，マスクの着用をお願いする）。

②門から，受け入れ場所までは，混雑しないように動線を考え，間隔をあけて進む線を引いてわかりやすく示す。

③保護者が園内に入ったら，手洗いをしてもらう。保育室に入る場合は，アルコール消毒を行ってもらう。

④掲示物は，保護者が立ち止まらないように工夫して掲示する。

⑤必要なことについては，メールや手紙の配布，郵送で対応する。

（9）手洗いの仕方

①爪は短く切り，時計や指輪ははずす。

②流水で，手をよく濡らす。

③石鹸をつけ，手のひらをよくこする。

④手の甲を伸ばすようにこする。

⑤指先や爪の間を念入りにこする。

⑥指の間を洗う。

⑦親指と手のひらをねじり洗いする。

⑧手首も洗う。

⑨洗い終わったら，十分に流水で流す。

⑩清潔なタオルやペーパータオルで，よくふき取って乾かす。

(10) 運動時の留意事項

①環境整備（清掃・用具や遊具の消毒・換気）をする。

②運動前に一人ひとりの体調チェックを行う。手洗い・うがい・洗顔・（手指

コロナ禍

消毒）をする。

③密閉，密集，密接（３密）を避ける運動内容を実施する。

④体調に応じた臨機応変のプログラムや運動強度を提供する。

⑤暑さに少しずつ慣らし，適応力や抵抗力をつける。

⑥戸外では，マスクを外してもよい。気温や湿度，運動量が多くなれば，マスクの着用が体調不良を招くことがある。

⑦水分補給の時間（15〜20分に１回）を設ける。水分補給時は，マスクを外すため，密にならないようにする。

⑧運動後の手洗い・うがい・洗顔（・手指消毒）をする。

(11) 保健・健康観察・子どもへの指導

①子どもの健康観察カードを作る。

②手洗いや咳エチケットの大切さを指導する。

③定期的に検温をし，体調把握に努める。

④保育室内の消毒や時間を決めての換気を行う。各クラス，30分ごとに換気を行うことをすすめる（チェック表を作成することで，より確実に実施でき習慣づく）。

⑤個人専用の歯ブラシやコップの適正管理に努める。保管時に，他児のものと接触させない。使用後は，水で十分にすすぎ，清潔な場所で乾燥させる。

⑥園庭の安全，衛生点検を点検表に基づき使用前にする。密集しないように，園庭遊具や場所を使用する。

⑦小動物の飼育後の手洗いを徹底する。

⑧砂場は，定期的（週１回）に掘り起こし，砂全体を日光消毒する。

(12) 退勤時の注意事項

①職場内専用のマスクは，正しく取り外し，廃棄，あるいは，持ち帰って洗浄消毒する。

②帰宅するときには，通勤着に着替え，自身の清潔なマスクと取り換え，正しく着用する。

コロナ禍

(13) 帰宅時の注意事項

①マスクを取り外し，手洗いや洗顔，うがい，消毒をする。

②携帯電話や腕時計，鍵などをアルコールで拭き，消毒をする。

③シャワーを浴びたり，入浴したりして，服を着替える。

④衣類やハンカチ等，使用後は，適宜，洗濯をして，清潔を保つ。

【文　献】

1)　前橋　明：新型コロナ（COVID-19）対応　家庭での子どもの過ごし方　幼児体育学研究12（1），pp.1-4，2020.

2)　前橋　明：子どものコロナ対策，幼児体育学研究12（1），pp.5-6，2020.

3)　前橋　明：新型コロナウイルス感染症に伴う公園利用について，幼児体育学研究12（1），pp.7-9，2020.

（前橋　明・若林仁子）

コロナ禍

実技編　課題例

課題Ⅰ　「開いて，閉じて，閉じて」の運動を，リズミカルに実施することができるようになる。

　足は「開く」「閉じる」「閉じる」の運動を，手は「横（水平に）」「下（体側に）」「横」の運動を，いっしょにくり返しながら行います（p.126）。

課題Ⅱ　「開いて，閉じて，閉じて」の運動を，リズミカルに実施しながら，10m移動することができるようになる。

課題Ⅲ　正座両足とび起きができるようになる。

　正座の姿勢から，両手を振り上げ，一気に立ち上がれるようにします（p.124）。

【資料１】　子どもの健全な成長のための外あそび推進の会　取り組みの経緯

・2021年6月　日本政府へ第1次提言。3つの間を取り戻し，外あそびを推進すること
　　　　　　　の重要性を提言。
・2021年10月　3領域，8つのワーキンググループを立ち上げ，議論。
　　　　　　　A．外あそび推進体制の基盤づくり
　　　　　　　　①「包括ガイドブックの作成」
　　　　　　　　②「外あそびをサポートする人材の養成・確保」
　　　　　　　　③「外あそびの重要性とデジタルデバイスの適度な利用」
　　　　　　　B．空間整備
　　　　　　　　④「校庭開放利用の促進」⑤「園庭利用の促進」
　　　　　　　　⑥「公園利用の促進」⑦「新たなあそびの環境整備」
　　　　　　　C．意識改革
　　　　　　　　⑧地域に根付いた意識改革（行政，親子，地域住民，保育士，教育者）
・2022年4月23日（土）　校庭開放実践イベント（東京都，小平市立第十二小学校）
・子どもの成長に重要な外あそび専門家による講演をライブ配信。
・幼児の園庭開放や公園利用促進の外あそび推進の実践活動を計画。大阪と京都で開始。
・2022年5月7日（土）　公園利用促進イベント（大阪市，鶴町北公園）
　　　　　　　21日（土）　校庭利用イベント（大阪市立鶴町小学校）
　　　　　　　　　　　　　「あつまれ!!つるまちキッズ」（大阪市，つるまち海の風こども園）
・2022年5月28日（土）　園庭開放イベント（京都，千代川こども園）
・日本政府だけでなく，地方自治体へも呼びかけ，提言・要望も提出。
・2023年度のこども家庭庁設置に向けた議論の中で，日本の子どもたちの重要な課題と
　して「すべての子どもの居場所づくり」が真剣に取り上げられ，取り組んでもらえる
　ように，情報を発信。
・「外あそび推進スペシャリスト」養成のガイドブックづくりと，人材の育成・講習会開催。
・2022年6月3日　小倉將信衆議院議員の主催により，第7回「子どもの健全な成長の
　　　　　　　　　ための外あそび推進に関する国会議員勉強会」第2次提言。　ワー
　　　　　　　　　キンググループの討議内容の整理，こども家庭庁に外あそびの機会
　　　　　　　　　を十分に確保する要望を提出した。
・2022年10月25日　東京都世田谷区の医療関係者に向けた外あそび推進セミナーを開催。
・2022年11月12日　小倉將信少子化担当大臣に，子どもの外あそび環境の整備に向けた
　　　　　　　　　要望を申し入れた（資料2）。

2022年11月2日
子どもの健全な成長のための外あそび推進の会　代表
早稲田大学教授　前橋　明

　都市化やテクノロジーの進化が加速する現代では，子どもの外あそびに必要な「空間」「仲間」「時間」（サンマ：３つの間）のすべて，もしくは，いずれかが欠けている「間抜け現象」（前橋　明，2003）が生じているため，子どもの外あそび機会が大幅に減少し，子どもの健全な成長にネガティブな影響を及ぼしています。

　国の掲げる子ども支援の基本方針に，子どもの健やかな成長のために，子どもたちが外あそび機会に接することの重要性や必要性が強く明記されることを願い，子どもたちにサンマを取り戻し，健全な成長が保障できるよう，子どもの外あそび機会を十分に確保するための具体的施策が推し進められることを強く望みます。

　ここでは，空間，仲間，時間の３つの観点から，お伝えいたします。

１．外あそび空間の整備
（１）小学校児童の放課後の居場所としての校庭開放の促進

　課題としては，校庭開放がされていても，見守りにおける学校側の負担に対する心理的ハードルや，登録された既存の地域スポーツクラブを中心に利用されている状況があり，スポーツクラブに加入していない子どもたちが自由に遊ぶ自由開放の時間が確保されていないという問題があります。その解決策として，地域スポーツクラブによる利用とのバランスをとりながら，実際には，見守り人材を配備し，校庭の自由開放を促進していくことが求められます。もちろん，地域スポーツクラブの利用を妨げないよう，校庭開放の利用を行いながら，街区公園の利用やみちあそびのような取り組みを，あわせて促進することで，毎日，地域のどこかで子どもたちが遊べる場を整備するという形にしていきたいものです。

　要望としては，①放課後事業の予算の増加により，外あそびをサポートする人材を配備するとともに，民間参入機会の促進により，その配備を拡充すること，②地域のスポーツクラブの利用と，一般児童への校庭開放による利用とのバランスをとるための協議会の設置と実行を，文部科学省から自治体に通達していく仕組みづくりが必要です。

　子どもへの外あそびの推進がスポーツ愛好者を増やす可能性があるという理解が進めば，グラウンドの一部使用や時間区分別の使用が認められるものと考えます。つまり，「協議会」を設置することによって，単純な基準で可否の判断がされていくことが，柔軟な対応ができるようになるのではないかと考えます。全てを貸してほしいというので

はなく，場所を区切ったり，時間帯で区切ったりという譲り合いを実現するための協議会がほしいものです。そのためにも，やはり文科省，スポーツ庁，そして，地域スポーツクラブ運営側，地域住民など，校庭開放に関わる大人たちみんなが外あそびの重要性を再認識した上で，「からだを動かすことが好きな子どもたちをみんなで育てていく！」といった共通のコンセプトを掲げていくことが大切です。

　要は，場所や時間の調整は，国や各自治体などから方針を出してもらい，調整役をしてもらうのが一番スムーズかと思います。また，グラウンドの専有使用者の中から，子どもたちの見守りができる知識や技術をもつ人材が育成できれば，理想です。ポイントとしては，「スポーツ庁」が外あそびへの理解を深め，外あそびの推進が，ひいては，自分たちの競技者を増やす可能性があるということを，地方自治体やスポーツ団体に周知させたうえで，地域団体や個人が場所確保をリクエストすると，調整もスムーズに進むのではないかと考えます。

　今後の課題としては，地域のスポーツクラブによる校庭開放の利用とのバランスをとるための「協議会設置」と，現存の地域スポーツクラブとの関係を良い形で保ちながら解決できる方法を模索することが必要です。

（2）未就学児の外あそびの場としての園庭の開放・利活用の促進

　今日の課題は，地域によって，園庭開放の頻度や内容にばらつきがあったり，開放されていても利用者のニーズに即応していなかったりしていることです。その解決策は，子育て支援の一環として，地域格差なく，園庭開放を積極的に実施していくことです。

　要望としては，

①園庭開放の必須化のために必要な費用を補充するための子育て拠点事業の予算の拡充

　○あそびの提供・見守り・子育て相談などが行える人材の確保

　○安全に展開するために，子育て支援事業を総合的に補償する保険の取得

　○園庭がない場合の代替場所確保にかかる費用

②認定拠点の拡大のための認定基準の見直し

　自治体の子育て支援事業における園庭開放の必須化，および，そのための地方交付金の配布を通じた子育て支援事業の予算の増加と園庭開放への配分額の確保してもらうことが大切です。

　園庭利用の促進における子ども支援拠点事業の認定基準について，認定において，ボトルネックとなっている基準は，実施場所が「公共施設，空き店舗，公民館，保育所などの児童福祉施設，小児科医院の医療施設などの子育て親子が集う場として適した場所」になり，外あそびができる環境が整っていなくてもよい実施要項になっているところです。また，実施方法が，「子育て親子の交流の場の提供と交流の促進」になり，園

庭のような外あそび環境のある施設は，園庭開放がこの基本事業にあたりますが，外あそび環境がない施設は部屋で過ごすことになります。

（3）地域の最も身近な外あそび場である街区公園の整備

　課題としては，安全面，防犯面，衛生面の懸念，および，利用者の多様化するニーズに対応していないことから，街区公園の子どもの利用が減少しています。

　解決策として，あげられる事柄は，子どもの利用を安全に促進するための街区公園の整備と人材確保です。

　要望としては，

①年間維持管理費拡充および人材確保による持続的な安全衛生管理および防犯対策

②多様なニーズに対応するための整備

　　ａ．年齢や性別，障害の有無を問わない，ユニバーサルデザインの運動遊具や施設を配備したインクルーシブなあそび場の整備

　　ｂ．個性ある魅力的な公園，乳幼児（０〜２歳の低年齢児）も安心して遊べるコーナーや遊具の設置された公園づくりを考えています。

　今後の課題は，平成29年の都市公園法を改正から，改善できたこと，できなかったことを，要望と照らし合わせながら検証し，街区公園の利用を促進するために，さらに法をどう変えていくべきかを議論していきたいと考えています。

２．仲間づくりの支援

　課題としては，地域における仲間の不在や室内あそびの主流化により，子どもが外あそびをするきっかけを得られず，室内で過ごす時間が増加しています。その解決策は，室内あそびに勝る外あそびの魅力を伝え，子どもたちを外あそびに引き込む人材の育成と配備を計画・実施することです。

　要望は，

①健全な子どもを育む外あそびのガイドブックの作成と普及

②地域の外あそびと関連性の高い既存人材をはじめ，広く，学生をも含む子ども支援希望者らを対象に，包括的ガイドブックを利用した外あそびの重要性の啓発，研修・講習会を通じた外あそび人材の育成

③自治体が提供する場や保育・教育施設などの外あそびに適した場における外あそび推進人材の配備

　　ａ．国による放課後事業予算の拡充を通じた，ケガや事故の際の外あそび推進人材を救済・補償する制度の整備

　　ｂ．外あそびに関する研修を受けた人材を雇用した施設への補助金の付与など，積極的配備へのインセンティブの設定（動機づけ・報奨金・表彰）が考えられます。

3．時間の確保

　課題としては，デジタルデバイスの利用時間が増加する中，長時間のデジタルデバイス利用による子どもにおける負の影響への懸念があげられます。その解決策としては，外あそび時間の確保と実践を通じて，デジタルデバイスの過度な利用による負の影響を緩和・相殺していくことが求められます。

　要望は，

①政府が示す子どものインターネットや ICT 関連の施策・ガイドラインにおいて，デジタルデバイスの適度，かつ，健康的な使用と合わせ，一定時間の外あそびの奨励を明記すること。

②デバイスやコンテンツを提供する企業に，外あそびの重要性を配信してもらうことの義務化，そして，子どもの成長や健康づくりに寄与する積極的配信に対する表彰・報償の制度を設ける等の制度づくりが重要です。

おわりに

　子どもたちの笑顔が輝く瞬間は，友だち（仲間）と夢中になって遊んでいるときです。特に，周囲の環境を気にせずに，仲間とおもいっきりからだを動かし，汗をかく戸外でのあそび時間は，子どもたちの笑顔が絶えず，エネルギーが発散されています。

　しかし，現代の日本では，人口集中に伴う住宅環境の変化により，あそび場が減少し，また，塾や習い事にかける時間の増加と，それに伴う外あそび時間の減少，ゲームやデジタルデバイスの過度な利用による友だち（仲間）との関わり不足など，子どもたちを取り巻く生活環境が多様に変化しています。これにより，子どもたちが外で遊ぶために必要な3つの間（サンマ）が不足しています。

　さらに，近隣住民の理解不足や公園でのあそびルールの厳格化による安全管理問題，保育・教育施設による園庭・校庭開放の制限なども問題となって，体力低下や肥満増加といった健康問題，運動不足によって生じるケガや事故，生活リズムの乱れの問題など，子どもたちの成長にネガティブな影響を及ぼしています。

　これらの問題を解決するためには，本書のテーマである「外あそび」を積極的に実践し，推進することが必要です。外あそびは，生活リズムの改善に加えて，子どもの成長と発達をバランスよく促し，子どもたちの生きる力を育みます。つまり，毎日の外あそびのくり返しは，子どもたちの体力・運動能力の向上，自律神経機能の強化，ストレス軽減，安全能力の獲得など，今日の子どもたちが抱えさせられている健康管理上の諸問題を改善し，子どもたちの健全な成長につながります。

　そして，外あそびを普及させるためには，子どもたちの健康問題や3つの間（サンマ）が不足している現状，外あそびの効能などについて，親や地域住民，

保育・教育現場の保育者や指導者，学校関係者など，大人たちの理解が不可欠です。外あそびの重要性やその意義を，①親が理解することで，外あそびの機会が増え，②地域住民が理解することで，公園や空き地，自然空間が適切なルールで開放され，③保育・教育施設の関係者が理解することで，子どもたちにとって安全で安心な園庭・校庭開放が増え，外あそびに必要な空間・仲間・時間が確保されます。これにより，子どもたちは心を動かされ，外あそびの魅力に気づくでしょう。

　本書『子どもの健全な成長のための外あそび推進ガイド』を通じて，子どもたちの笑顔が増え続け，大人たちの理解者が増え，外あそび推進の指導者やスペシャリストが活躍することを願っています。

　最後になりましたが，一人でも多くの皆さんが，外あそびの重要性について広く周知され，子どもたちの健やかな成長づくりに関わっていただけますと，子どもたちが豊かな人生を送るための成長期の土台が自然に築かれるようになるものと信じております。

　2024年4月

　　　　　　　　認定こども園文の里幼稚園　副園長　　野村卓哉

索　引

あ　行

秋の自然あそび　191
安全管理　90
安全な外あそび場　96
移動系運動スキル　57
色鬼　151
インクルーシブ公園　66
うんてい　60
運動会あそび　161
運動能力　56
運動のつまずき　119
運動発現のメカニズム　41
運動不足　11
園庭の開放・利活用の促進　213
応急処置　101
鬼あそび　148
親子ふれあいあそび　25

か　行

街区公園の整備　214
外傷　102
カゴの中のネズミ　148
感染症対策　205
木登り　189
木登り遊具　60
基本運動スキル　57
今日も安全運転リレー　168
恐竜遊具　61
近視の発症　15
空間認知能力　58
ケガの手当て　100
健全育成　14
公園遊具　59

行動体力　54
ゴー！ゴー！ハリケーン　172
午後の外あそび　25
骨折　104
子どもたちの抱える問題発現　18
子ふやしリレー　162
コロナ禍　196

さ　行

サンドイッチボール運びリレー　165
散歩あそび　194
サンマ（三間：空間・仲間・時間）　6
紫外線　35
時間の確保　215
疾病予防　48
指導上の留意事項　112
小学生向けのあそび　177
身体各部の均衡図　40
身体認識力　58
睡眠リズム　8
すべり台　59
生活リズム　10
聖火リレー　165
摂食リズム　9
操作系運動スキル　57
外あそび　123
　──環境の整備　212
　──空間の整備　212
　──時間　7
　──推進の会　211
　──の安全管理　92
　──の効果　44
　──の推進　4

た　行

体温リズム　12
対人管理　94
対物管理　94
体力づくり　32
たおして　おこして　おんぶして　164
タオルあそび　129
高鬼　151
脱臼　104
つき指　103
つながり鬼　149
定期点検　85,87
手つなぎ鬼　149
点検のチェック項目　87
頭部打撲　102
通りぬけ競争　150
トビウオの波きり　171
ドンじゃん　177

な　行

仲間づくりの支援　214
夏の自然あそび　190
日常点検　87
熱中症対策　100
捻挫　103
脳内ホルモン　13

は　行

ハザード　85
発育プロセス　37
発達の順序性　40
花のお国の汽車ぽっぽ　154
「早寝，早起き，朝ごはん」運動　17

春の自然あそび　190
非移動系運動スキル　57
ピーナッツボールころがしリレー　167
鼻出血　103
ヒヨコとネコ　148
開いて閉じて閉じて　126
複合型遊具　61
増やし鬼　151
冬の運動　32
冬の自然あそび　192
ブランコ　60
平衡系運動スキル　57
防衛体力　54
ボールはさみリレー　166
ぽかぽかてくてく　156
ポコペン　153

ま　行・や　行

まるまるダンス　155
モニュメント遊具　61
山登り　189

ら　行

ラッコの波乗りリレー　164
リスク　86
リズムあそび　154
レジ袋あそび　130
劣化判断基準　88

数字・欧文

3密（密閉・密集・密接）　198
PLAY COMMUNICATION　72
RICE　103
Scammon の発育曲線　38

《執筆者紹介》（執筆順，執筆分担，＊は編著者）

＊前橋　明（まえはし　あきら）

　　　編著者紹介を参照。
　　担当　はじめに，第1章第1節・第2節・第3節1〜5・7〜9・第4節，第2章第1節・第
　　　　2節1〜9・第3節，第3章第1節1（1）〜（5）・第2節，第4章，第5章，第6章
　　　　第1節（1）〜(21)・第2節（1）〜（9）・第3節・第4節（1）〜（5）・第5節（1）〜
　　　　（4）・第6節（1）〜（3）（6）〜(19)，第8章第1節・第2節1・2（1）〜(11)・3・
　　　　第3節，資料1・2

　　若林　仁子（わかばやし　ひとこ）

　　　現在　社会福祉法人和修会 つるまち海の風こども園　園長
　　担当　序章，第6章第1節(22)・第2節(10)〜(31)・第4節（6）〜(15)・第5節（5）〜
　　　　（7）・第6節（4）（5）(20)〜(26)，第8章第2節2（12）〜(18)・第3節

　　小山　玲子（こやま　れいこ）

　　　現在　秋草学園短期大学　准教授
　　担当　第1章第3節6

　　佐々木　幸枝（ささき　さちえ）

　　　現在　宗教法人法泉寺 法泉寺保育園　園長
　　担当　第2章第2節10

　　小川　真（おがわ　しん）

　　　現在　ＮＩＣＯスポーツキッズ　代表
　　担当　第2章第2節11

　　石川　基子（いしかわ　もとこ）

　　　現在　特定非営利活動法人 向あそび場計画　代表理事
　　担当　第2章第2節12，第3章第1節1（6）〜（8），第6章第4節(16)(17)

　　松原　敬子（まつばら　けいこ）

　　　現在　植草学園短期大学　教授
　　担当　第3章第1節2（1）（2），理論テスト

　　吉田　薫（よしだ　かおる）

　　　現在　株式会社ジャクエツ　常務取締役
　　担当　第3章第1節2（3）

　　竹田　昌平（たけだ　しょうへい）

　　　現在　特定非営利活動法人三重県生涯スポーツ協会　理事長
　　担当　第3章第1節2（4）

石井　浩子（いしい　ひろこ）
　　現在　京都ノートルダム女子大学　教授
　　担当　理論編　学習チェック問題例

小石　浩一（こいし　こういち）
　　現在　早稲田大学人間科学部　教育コーチ
　　担当　理論編　学習チェック問題例

藤田　倫子（ふじた　のりこ）
　　現在　川口短期大学　専任講師
　　担当　第6章第5節（8）

板口　真吾（いたぐち　しんご）
　　現在　小平市立小平第十二小学校　主任教諭
　　担当　第6章第7節

門倉　洋輔（かどくら　ようすけ）
　　現在　小田原短期大学　専任講師
　　担当　第7章第1節・第2節

笹間　奈緒美（ささま　なおみ）
　　現在　社会福祉法人心育会　はたの保育園　園長
　　担当　第7章第3節

野村　卓哉（のむら　たくや）
　　現在　学校法人谷口学園　認定こども園文の里幼稚園　副園長
　　担当　実技編　課題例，おわりに

＜本文イラスト＞
　　満処　絵里香（まんどころ　えりか）
　　　現在　早稲田大学大学院博士課程　前橋　明研究室

＜カバー写真提供＞
　　表紙上／富山県氷見市　海星保育園　川原昌美
　　表紙下・裏表紙中央／大阪府池田市　社会福祉法人心育会　さつきこども園　鵜飼真理子
　　裏表紙上・下／大阪府大阪市　社会福祉法人和修会　つるまち海の風こども園　若林仁子

日本音楽著作権協会（出）許諾第2402550-401号

《編著者紹介》

前橋　明（まえはし　あきら）

1978年　米国ミズーリー大学大学院修士（教育学）取得。
1996年　岡山大学医学部博士（医学）取得。
　　　　倉敷市立短期大学教授，米国ミズーリー大学客員研究員，米国バーモント大学
　　　　客員教授，米国ノーウィッジ大学客員教授，台湾国立体育大学客座教授を経て
現　在　早稲田大学人間科学学術院　教授，医学博士，
　　　　子どもの健全な成長のための外あそびを推進する会代表，
　　　　国際幼児体育学会会長，国際幼児健康デザイン研究所顧問，
　　　　インターナショナルすこやかキッズ支援ネットワーク代表
主　著　『生活リズム体力向上作戦』大学教育出版，2021年
　　　　『幼児体育──理論と実践』（編）日本幼児体育学会，2018年
　　　　『3歳からの今どき「外あそび」育児』主婦の友社，2015年
　　　　『公園遊具で子どもの体力がグングンのびる』講談社，2015年
　　　　『輝く子どもの未来づくり』明研図書，2008年
　　　　『最新健康科学概論』（編著）朝倉書店，2005年
　　　　『健康福祉学概論』（編著）朝倉書店，2008年

子どもの健全な成長のための
外あそび推進ガイド

2024年6月10日　初版第1刷発行　　　　　　　〈検印省略〉

定価はカバーに
表示しています

編著者　前　橋　　　明
発行者　杉　田　啓　三
印刷者　坂　本　喜　杏

発行所　株式会社　ミネルヴァ書房
607-8494　京都市山科区日ノ岡堤谷町1
電話代表　075-581-5191
振替口座　01020-0-8076

© 前橋ほか，2024　　　冨山房インターナショナル・新生製本

ISBN 978-4-623-09717-3
Printed in Japan

写真と図から学ぶ 赤ちゃんの姿勢運動発達

家森百合子 編著
吉田菜穂子・草下香・廣田陽代・岩見美香・柴田実千代 著

B 5 判・252頁
本体2,800円

写真で描く乳児保育の実践——子どもの世界を見つめて

伊藤美保子・西隆太朗 著

A 5 判・232頁
本体2,400円

食育・アレルギー対応

今井和子・近藤幹生 監修　林　薫 編著

B 5 判・194頁
本体2,200円

絵本力——SNS 時代の子育てと保育

浅木尚実 著

四六判・272頁
本体2,200円

保育のためのやさしい子どもの歌
　　——弾き歌い・合奏・連弾・合唱

有村さやか・今泉明美・望月たけ美 編著

B 5 判・232頁
本体2,600円

幼児期の教育と小学校教育をつなぐ
幼保小の「架け橋プログラム」実践のためのガイド

湯川秀樹・山下文一 監修

B 5 判・176頁
本体2,500円

—————————— ミネルヴァ書房 ——————————

https://www.minervashobo.co.jp/